民办高校应用型人才培养研究

李 妮 王志华 著

全国百佳图书出版单位
吉林出版集团股份有限公司

图书在版编目(CIP)数据

民办高校应用型人才培养研究 / 李妮，王志华著. -- 长春：吉林出版集团股份有限公司，2024.2
ISBN 978-7-5731-4612-0

Ⅰ.①民… Ⅱ.①李… ②王… Ⅲ.①民办高校－人才培养－研究－中国 Ⅳ.①G648.7

中国国家版本馆 CIP 数据核字(2024)第 048077 号

民办高校应用型人才培养研究
MINBAN GAOXIAO YINGYONGXING RENCAI PEIYANG YANJIU

著　　者：李　妮　王志华
责任编辑：沈丽娟
技术编辑：王会莲
封面设计：豫燕川
开　　本：787mm×1092mm　1/16
字　　数：172 千字
印　　张：9.25
版　　次：2024 年 2 月第 1 版
印　　次：2024 年 2 月第 1 次印刷
出　　版：吉林出版集团股份有限公司
发　　行：吉林出版集团外语教育有限公司
地　　址：长春市福祉大路 5788 号龙腾国际大厦 B 座 7 层
电　　话：总编办 0431－81629929
印　　刷：三河市金兆印刷装订有限公司

ISBN 978-7-5731-4612-0　　　　　定　价：56.00 元
版权所有　侵权必究　　　　　　　举报电话：0431－81629929

前　言

民办高等教育是我国教育事业的重要组成部分。改革开放以来,我国民办高等教育事业取得了长足发展,已经成为教育事业发展的重要增长点和促进教育改革的重要力量,为扩大教育资源总量、推进教育改革发展、建设人力资源强国发挥了积极的作用。当前,随着经济社会的快速发展,民办高等教育面临新的机遇和挑战,提升教育质量、实现内涵发展已成为民办高等教育的重要任务。随着我国教育大众化的发展,民办高校队伍逐步壮大且发挥着越来越重要的作用,进而成为我国高等教育事业的重要组成部分,为我国进入高等教育大众化做出了巨大贡献。

随着我国融入全球经济发展体系,进一步推进高水平的对外开放,我国在建设创新型国家的过程中,产业升级势不可挡。高校要在推动产学研协同创新中培养特色人才,在满足市场和产业需求的过程中加快人才培养的供给侧改革,特别是培养更多、更好、更实用的应用型人才,为我国经济转型升级提供人才资源保障。本书主要研究民办高校应用型人才培养,从民办高校的基本概述、应用型人才的内涵与特征入手,针对应用型人才培养体系建构与设计、民办高校应用型人才培养的理论逻辑与实践探索进行了具体研究;另外对民办高校应用型人才培养的目标与改进进行了综合探讨。本书可以为应用型民办高校教育的研究者、实践者提供素材和理论依据,为国内同类院校的管理者和教育者提供参考。

  为了确保研究内容的丰富性和多样性,作者在撰写过程中参考了大量理论与研究文献,在此向涉及的专家学者表示衷心的感谢。限于作者水平,加之时间仓促,本书难免存在一些疏漏,在此,恳请广大读者批评指正。

目 录

第一章　民办高校概述 …………………………………………………… 1
　第一节　民办高等教育的基础理论 …………………………………… 1
　第二节　民办高校的可持续发展 ……………………………………… 10

第二章　应用型人才的内涵与特征 ……………………………………… 19
　第一节　高素质应用型人才的内涵 …………………………………… 19
　第二节　应用型人才的特征 …………………………………………… 23
　第三节　人才培养模式的内涵 ………………………………………… 28

第三章　应用型人才培养体系建构与设计 ……………………………… 35
　第一节　应用型人才的培养模式 ……………………………………… 35
　第二节　实践教学与育人观念 ………………………………………… 43
　第三节　应用型人才培养的设计 ……………………………………… 52

第四章　民办高校人才培养的改革探索 ………………………………… 67
　第一节　民办高校人才培养课程体系的改革 ………………………… 67
　第二节　民办高校人才培养教学管理模式改革 ……………………… 74
　第三节　民办高校学分制改革的基本路径与模式选择 ……………… 79

第五章　民办高校应用型人才培养的理论逻辑与实践探索 …………89
　　第一节　民办高校应用型人才培养的理论逻辑 ……………………89
　　第二节　民办高校应用型人才培养的实践探索……………………103

第六章　民办高校应用型人才培养的目标与改进………………………111
　　第一节　应用技术型人才培养目标的理论概述与确立………………111
　　第二节　应用技术型人才培养目标的定位……………………………119
　　第三节　加强民办高校应用技术型人才培养的改进对策………127

参考文献……………………………………………………………………139

第一章 民办高校概述

第一节 民办高等教育的基础理论

一、民办高校的类型与定位

(一) 民办高校的类型

根据民办高校办学主体和办学经费来源划分,民有、民办高校主要有以下几种。

1. 公民个人办学

这类民办高校是由出资人个人投资,出资者可以是一人,也可以是多人。学校聘请校长办学,自聘教师,自主办学,自主管理。目前,我国大多数民办高校是以这种模式创办和发展起来的。

2. 社会团体办学

这类民办高校一部分是由社会团体或组织投入少量启动资金,利用其在社会的影响来吸引社会捐资举办的;同时有的民办高校实际上就是由公民个人举办的,只是在政策尚不明朗的情况下,许多民办高校为了稳妥,而挂靠在一个社会团体、组织之名下的。

3. 捐资办学

这类民办高校是完全依靠捐款建立的,其捐款多数来自国内外热心教育事业的慈善人士。他们捐资捐物举办民办高校以实现他们造福桑梓、报效祖国的目的。

4. 民营企业办学

这类是由民营企业或企业家出资创办的民办高校。

5. 教育集团办学

这类是以教育集团为出资单位创办的民办高等学校。

(二) 民办高校的定位

在民办高等教育发展的现实基础上，民办高校可以逐步定型为以下几种。

1. 职业教育型民办高校

职业教育型民办高校可以分为专科和本科两个层次，这类学校功能单一，直接面对市场，人才培养目标明确，专业界限明晰，以应用性、技术性为特征。发展这类学校在总体布局上一定要控制数量，提高单个民办院校的规模水平，并且必须让其他类型的民办高校逐步退出职业技术教育领域，以保证职业教育型民办高校的市场份额，稳定提高其办学的规模和质量。鉴于此类高校在设备投资方面数额较大，需要有雄厚的财力作基础，因此，主要应该由国家来主办，少数有实力的民办高校辅之。

2. 教学型民办高校

教学型民办高校以全日制综合本科为主，其以专业基础理论、基本技能教学为主，专业涉及文、经、法、工、农、医等传统专业领域。以人才培养目标为双目标，既可以培养较高层次的具有专业技能的实践应用型人才，也可以培养较高层次的专业学术研究型人才。此类学校的发展目标应定位在具有广泛影响的拥有省级或区域级重点专业、重点学科、重点实验室的综合民办高校。这类学校应作为未来民办高校的主流，目前迫切需要进行重点扶持。

3. 研究型民办高校

研究型民办高校是在完善本科教育基础上发展起来的高层次办学形式，以培养硕士、博士研究生为主要目标，适当结合规模适度的本科教育；以培养高层次学术理论研究型人才进行学术理论研究和高科技开发研究为主。此类民办院校应定位在具有国内重大影响力和一定国际影响力，拥有国家级重点学科、专业、实验室的重点民办高校。

总之，在国家法律、政策允许的框架内，民办高校应结合本校特色和优势进行科学定位，选择最理想的可持续发展战略，大胆创新、勇敢实践，办出特色鲜明的民办高校。

二、民办高校的特征

（一）民办高校不同类型的具体特征

民办高等教育的办学类型多样，不同类型的高校之间有其共同的特点，也存在着一定的差异。通过研究发现，在这五种办学类型中，公民个人办学、社会团体办学和捐资办学可以划分成一类，称之为个体办学型；而民营企业和教育集团办学划分为另一类，称之为企业办学型。以下为两种办学类型的民办高校的具体特征。

1. 个体办学型民办高校的特征

（1）投入少

举办民办高等教育需要大量的先期投入，如购买校园土地、建造校舍、购置教学仪器设备、聘请教师等，但受个人、社会团体经济实力与条件的限制，这类民办高校的先期投入都比较少，基本上都是以少量投入作为教学场所的租金和聘请教师的工资逐步发展起来的。

（2）以学养学，滚动发展

因为没有雄厚的办学经费作支持，民办高校的收入只能靠学生学费来维持，并在学校的运转过程中厉行节约、精打细算，把办学结余部分再投入学校建设中，再经过长期的以学养学积累，持续的投入，逐年滚动发展起来。

（3）发展慢，效益差

由于这类民办高校多数是滚动发展起来的，发展速度一般较慢。绝大部分的办学结余都用于学院发展建设，经济效益也就难言丰厚。靠学费收入结余后再投入办学的这类学校发展速度比较慢，教育投资效益较差。

2. 企业办学型民办高校的特征

企业办学型民办高校因为有企业或集团的强大经济实力作后盾以及

有企业先进管理经验的引入，表现出与个体办学型民办高校较大的区别。

（1）起点高，投资大

民营企业和教育集团办学明显不同于个体办学。个人办学、社会团体办学等形式的办学一般采取从低起点逐步提高的做法，而企业办学高校一般建设速度比较快，投资力度比较大，学校的资产都达数亿元之多，因此，校园教育环境优越，教学设施先进，学校占地面积、建筑面积和各项设施设备都能达到国家规定的办学标准。这就避免了许多民办高校办学初期因为经费不充足而出现的学校基础设施不齐全、教学质量难以保证的问题。

（2）经济与教育规律有机融合

企业家和教育家有不同的工作经历、专业技能与思维方式，教育教学活动不同于经济活动，它们有自身不同的运行规律。要办好教育产业，就需要将教育规律与经济规律有机融合。高校管理者与企业家投资者在一个平台上，教育家和企业家共同办学，给双方提供了一个都能施展才能的舞台，实现了两者的有机融合、协调发展。

（3）经营管理产业化，效益好

民营企业和教育集团办学在充分尊重教育规律的同时，借鉴和遵循产业运作的一些观念和做法，讲究质量、信誉、成本和效益，为民办高校的教育、教学提供了全方位的服务，以推动其更好、更快地发展。

因为先期投资额度大，创办者收回投资成本的压力较大，加上学校硬件条件比较好，有的家长也愿意把子女送到这类学校。因此，这类民办高校在建校的初期，收费标准往往比较高。

（4）品牌意识强

成功的教育集团与成功的企业集团一样，都非常重视品牌建设，强调科学化管理、规范化运作，往往采取统一校名、统一标准、统一管理的模式，在成功办学的基础上，输出集团的管理模式，以托管的方式对其他民办高校进行管理，以扩大其影响。

（二）民办高校不同阶段的特征

在民办高校发展的过程中，不同时期表现出不同的形式与特征。

1. 独立性与依附性并存

民办高校体现出独立性和依附性并存的特征，特别是在国家试点开展学历文凭考试考点期间，表现得尤为明显。20世纪90年代，民办高校的一部分组织形式发生了显著的改变，多数的自学考试的助学机构逐渐成为学历文凭的考试试点学院，民办高校终于有了自己特有的颁发学历文凭的资格。虽然这种资格是一种半独立、半依附的资格，但极大地促进了民办高等教育的发展。近几年，民办高等教育有了突飞猛进的发展，少数专修院校从租赁教室、兼职教师的运行模式逐渐发展成为有了自己独立校舍和专职教师的高职院校。

2. 多样性与统一性转换

由于各类民办高校建校时举办者、举办方式和投资模式的不同以及各个学校的办学经历不同，使得我国民办高校具有天然的多样性特征。

21世纪初，民办高等教育组织的主要形式是民办高职院校和独立学院，这些民办高校不论建校初期是何种状态，随着其向民办高职学院或独立学院的转型，规范性、合法性的要求促使这些民办高校的组织模式发生了变化。由于从20世纪50年代开始，公办高校的运行标准和模式成为中国高等教育的标准和模式，可以说中国高等教育的标准模式是由公办高等学校树立的。这种标准的树立对民办高校起到了重大示范引领作用，促使民办高校向着公办高校的标准去发展，民办高校也在向公办高校的标准靠拢。

三、民办高等教育的功能定位

一般而言，高等教育的功能有两个方面，一方面是对人的作用，另一方面是对社会的作用。这两种功能是相互联系、相互统一的。具体地说，个体层面对人的作用就是高等教育应培养追求真善美的人，而社会层面对社会的作用就是高等教育应促进经济发展、科技进步、社会公平等。作为高等教育的重要组成部分的民办高等教育同样也具有育人、服务社会的功能。

(一) 推动高等教育的多样化，满足社会成员接受教育的需求

这是民办高等教育的根本职能，目前，我国的高等教育虽已进入高等教育大众化阶段，但还有相当多的适龄青年没有机会进入高等教育中进行深造，而民办高校的诞生在一定程度上缓解了高考升学的压力，促进了个人受教育机会的平等，保障了公民享有受教育的权利。民办高等教育的发展打破了高等教育单一的由国家办学的体制，逐步建立起了以政府办学为主体，社会各界共同办学的新体制。此外，还增加了高等教育供给方式多样化的选择，为更多的青少年灵活地提供了选择学校、选择教育内容、接受高等教育的机会。

(二) 增加高等教育投入，优化调节教育资源配置

这是民办高等教育的其他功能，民办高等教育的发展吸纳了社会资金，进一步挖掘了现有社会各种教育资源的潜力，有效地增加了教育投入，弥补了国家财政投入的不足，促进了资源共享，对优化教育资源配置起到了很好的调节作用。

(三) 促进催化教育思想观念更新，有力维系社会稳定

这是民办高等教育的又一功能，民办高等教育在推进高等教育体制的改革与创新，进一步推进了高校办学体制、教育投资体制、管理体制和内部运行体制等教育改革的深化，为高等教育的改革与发展提供了新鲜的经验，对促进高等教育健康可持续发展，推进公办高等教育与民办高等教育共同发展格局的形成、探索大众化条件下高等院校人才培养模式等方面发挥出了积极的作用。同时民办高校为大批青年提供了学习的机会，他们在学校学习期间，在接受知识和技能深造的同时，也有效地减轻了就业市场的压力，对维系社会稳定、缓解就业压力起到了缓冲作用。而社会在进一步吸纳毕业生后，成为首要的直接受益者，生产力和单位行政效率明显提高了，国家（政府）也是间接的最终受益者，社会长期稳定，综合国力不断增强，以上这些正效应所释放出的正能量大家有目共睹，绝大多数都得到了社会和国家的充分肯定。

随着社会主义市场经济的深化发展和科技的不断进步，社会对各类

应用型、职业技能型人才的需求激增,我国要满足社会对人才多样化的需求,特别是对大量的应用型、职业技术型专门人才的需求,目前解决这一需求的有效途径就是大力发展民办高等教育,这也顺应中国特色社会主义现代化建设的需要,顺应了我国国情的一种历史必然。所以民办高校应牢牢抓住这一现实条件与优势,根据社会对人才的需求,准确地定位于教学应用型民办高校和职业技术型专科民办高校,即民办本科高校应定位为教学应用型本科,民办专科高校应定位为职业技术型专科。与传统的本科以上精英教育所培养的学术型专门人才有所不同,培养出更具有显著职业特点的应用型、技艺型人才,差异化发展与错位竞争,准确定位、特色发展,不断增强发展后劲,更好地发挥出民办高等教育的特色职能,更好地为社会主义现代化建设事业添砖加瓦。

四、民办高等教育的重要意义

(一) 有利于满足人民日益增长的高等教育需求

我国是文明古国,礼仪之邦,有着重视教育的优良传统。大力发展民办高等教育可以迅速扩大高校的招生规模,为合格的高中毕业生提供更多的深造机会,既能让他们实现接受高等教育的迫切愿望,学到一技之长,又推迟了他们的就业时间,减轻了社会的就业压力。民办高校的办学经费来源是多渠道的,如,创办者的原始投资、社会各界的资助和政府的适当补助(包括政策性的费用减免)等,但就我国目前的情况而言,主要还是学费收入,其占总经费的绝大多数。随着我国社会经济的迅速发展,人民群众收入水平的逐步提高,相当一部分家庭愿意也有可能承担相对于公办高校而言比较昂贵的民办高校的学费。

(二) 有利于鼓励社会各方面力量集资办学

我国的经济和社会发展水平决定了在相当长的历史时期内,高等教育必须以国家办学为主,政府投入仍然是高等教育经费来源的主渠道,但仅仅依靠政府投资办学是远远不够的。因此,必须进一步解放思想、转变观念,在集中有限的财力办好公办高等教育的同时,大力发展民办高等教育,积极鼓励和支持社会力量以多种形式办学,满足人民群众日益增长的高等教育需求，形成以政府办学为主体、公办高校和民办高校共同发展的格局。发展民办高等教育是加快发展我国高等教育事业的重要途径，它主要依靠民间财力，无须增加政府财政负担，可以大有作为，凡是符合国家有关法律法规的办学形式，都应允许大胆尝试。

（三）有利于优化高等教育资源

民办高等教育的调节机制就是市场机制，生源市场是调节高等教育特别是民办高等教育的有效措施，综合反映了劳动力市场和人才市场等各方面市场的需求状况。民办高校尽管几乎没有政府一分钱的投入，但由于能主动地、及时地适应市场需求，多渠道聚集社会闲散资金，大量借用公办高校的校舍、设备和师资，使高等教育资源得到充分利用，自身也可获得很大的发展，市场机制还为整个高等教育系统增加了一个反应敏感的社会需求信息系统。因此，要实现高等教育资源的优化组合、合理配置，就必须坚持以市场调节为基础，同时辅之以必要的宏观调控。民办高校目前在这方面已先行一步，这对公办高校是一个很好的示范和促进。

（四）有利于深化高等教育体制改革

民办高等教育的再度兴起适应了我国现代化建设的人才需求以及由此而激发起的社会成员日益增长的学习需求，从而使民办高等教育与社会主义市场经济形成天然联系，成为高等教育新体制的生长点。民办高等教育崛起的意义不仅仅在于它在我国重获新生，更在于它作为一项高等教育新体制的增量对旧体制所形成的冲击与改造。民办高校拥有较大的办学自主权，可以自筹资金、自聘人员、自设专业、自行招生、自主经营、自负盈亏。民办高等教育作为最早具有市场属性的高等教育主体，随着自身的不断发展壮大，在整个高等教育体系中的地位日益提高，民办高等教育必将对深化高等教育体制改革发挥出越来越大的作用，从而进一步推动高等教育新体制的建立。

（五）有利于实现高等教育大众化

高等教育大众化是世界高等教育发展的必然趋势，也是实现我国经济与社会协调发展的客观选择。高等教育发展划分为三个阶段：接受各种形式的高等教育的适龄人口比例低于 15% 属于精英化高等教育阶段；处于 15%~50% 之间属于大众化高等教育阶段；超过 50% 属于普及化高等教育阶段。

各国间的综合国力的竞争归根到底是科技和人才的竞争。经济和社会发展的优势蕴藏于知识和人才之中，社会财富向拥有科技和人才优势的国家和地区聚集，谁能在科技创新和人才培养上占有优势，谁就会在发展上占据主导地位。要想在新世纪抓住机遇，增强综合国力，战胜各种挑战，就必须大力发展高等教育，早日实现高等教育大众化的目标，缩小与发达国家的差距。因此，必须大力发展民办高等教育。支持和鼓励社会力量办学，扶持和引导民办高等教育的发展，是世界上大多数国家行之有效的发展高等教育的重要方式。

(六) 有利于促进经济增长

随着市场经济的发展和知识经济的崛起，人们越来越清楚地认识到教育特别是高等教育兼具消费性和生产性，是劳动力的再生产和知识的再生产，是具有公益性的特殊产业。由民间力量兴办的民办高等教育完全自筹资金、自负盈亏，更具产业属性。把民办高等教育作为一项产业来大力发展，不仅有利于高等教育自身的改革和发展，而且有利于整个国民经济和社会事业的发展。

经济不景气对于教育发展而言既是严峻的挑战和制约，也是良好的机遇和条件。目前我国城乡居民对高等教育的需求日益旺盛，加快高等教育发展具有极大的重要性和紧迫性。加快发展民办高等教育，既可以减缓高中毕业生的升学压力，为中小学实施素质教育创造良好的环境，满足广高校生和家长对高等教育的需求，提高国民素质和社会文明程度，又可以推迟学生就业时间，减缓目前的就业压力，还可以扩大教育消费，拉动消费需求，促进经济持续增长。

加快发展高等教育是有条件的，现在城乡居民教育消费意愿十分强烈，居民家庭储蓄中有相当大的比例准备用于教育，现有教育资源还有很大潜力，社会力量也有办学的积极性。教育产业正在成为我国新的经济增长点，许多有远见的企业和个人都看好这一产业，愿意投资兴建民办学校特别是民办高校。将民办高等教育作为产业来发展,允许适度营利,可以吸引民间资本投入民办高校办学,有利于民办高校改善经营管理,提高办学质量,增强竞争能力,获得一定的盈余。盈余的一部分作为公积金滚动发展,一部分作为红利回报给投资者,这既有利于民办高等教育自身的快速发展,也有利于刺激教育消费,拉动民间投资,从而促进经济的持续增长。

民办高等教育作为我国高等教育和国民经济的新增长点,在过去取得了很大成就,已与普通高等教育、成人高等教育构成三足鼎立之势。21世纪以后,只要进一步解放思想,更新观念,全面贯彻"积极鼓励、大力支持、正确引导、加强管理"的十六字方针,民办高等教育必将成为我国高等教育事业的重要组成部分,充分发挥其对经济和社会发展的促进作用。

第二节 民办高校的可持续发展

民办高校登陆中国教育市场是教育适应社会发展的必然,也正是民办高校的出现和发展,解决了一个困扰中国高等教育多年来人才培养模式与社会市场需求相脱节的问题。随着《中国教育改革和发展纲要》和《民办教育促进法》的实施,民办教育进入了有法可依、规范发展的新阶段,民办高校迅速发展。新形势下,民办高校如何在我国高等教育蓬勃发展的背景下争得一席之地、实现可持续发展已成为目前高等教育研究亟待解决且不可回避的一项课题。

一、科学定位是民办高校可持续发展之本

民办高校定位是指民办高校根据当前经济发展和社会进步的需要,根据学生的需求和学校自身的条件,准确选择发展方向、工作重心和发展目标,发挥自身办学的优势和特色,策划一系列发展规划活动。民办高校办学需要科学定位,这是与我国高等教育发展形势和发展阶段密切相连的,也是所有办学者必须直接面对、认真思考的问题。因为随着民

办高校队伍的不断扩大,其当前发展面临着不仅来自民办高校自身的竞争,还面临着来自国内一些前所未有的挑战,因此,科学定位是所有民办高校在新形势下做出的必然选择。

(一)民办高校科学定位的现实紧迫性

新形势下,民办高校发展面临着以下几方面的影响与挑战。

1. 公办高校扩招的影响

21世纪以来,国家实施高校扩招和积极发展高等教育的决策,高等教育以前所未有的速度向前发展,短短的几年,初步实现了从精英化的高等教育到大众化的转变。随着我国高等教育的发展,特别是普通高校的加速发展,对民办高校的影响将是持续的。

2. 独立院校的冲击

公办高校下设的独立学院不需要国家财政拨款,依托母体学校的优势,依靠筹集的社会资金,它们可以按民办机制运行,为学校赢利,而且,无须经过上级主管部门的专业及办学能力的评估。相比之下,民办高校的设置条件和评估标准却要苛刻得多。因此,独立学院的大批产生对民办高校构成了一种非常强有力的竞争,将直接冲击民办高校的生存与发展。

3. 民办高校内部的竞争

《民办教育促进法》保障投资者享有合理回报。国内部分有条件的公司和企业将介入民办高等教育市场,掀起新一轮兴办民办高等教育机构的浪潮,将对现有民办高等教育机构提出挑战。部分资金雄厚的公司和企业将以其高起点、高水平、高速度的态势进入民办高等教育领域。在此背景下,民办高等教育机构之间将展开激烈的竞争。

4. 民办高校自身办学条件的限制

民办高校只有正确定位,才能充分调动社会和学校的资源,只有遵循教育规律,最大限度地发挥自身优势,才能实现可持续发展。

(二)民办高校科学定位的依据

民办高校办学定位需要有一定的理论依据和现实基础,必须在科学发展观指导下,依据社会的需求、学校的自身优势以及政府的引导,在社会对教育需求层次中找准自己的位置,并在自己擅长的领域中做到最好,实现高起点、超常规、跨越式发展。

1. 依据社会需求

所谓社会需求,一是指国家或某个地区的经济和社会发展对人才的需求;二是指人民群众对教育的需求,包括家长对子女受教育的关注和成年人自身对教育的需求。民办高校的定位,首先要充分考虑这些因素,即从当地的发展状况和高等教育的布局出发,贴近经济发展和社会进步的需求,清醒地认识学校自身在区域高等教育中的位置和优势,明确学校的发展方向,从而制订出能够发挥出自身体制优势的发展战略。

2. 依据政府引导

民办高校的科学定位离不开政府的正确的引导,原因有三点:一是民办高校与公办高校的协调发展,应该是政府统一规划的作用;二是民办高校必须依靠政府出台的有关民办高等教育的政策和提供的准确信息作为规划发展自身的依据;三是民办高校只有在政府的正确引导下,才能做出适当的选择。如政府的政策导向、办学指导思想、评估的指标体系都会不同程度地影响着民办高校的定位抉择。

3. 依据民办高校自身优势

民办高校自身优势是指不同的民办高校会有不同的办学优势。一所民办高校的办学优势往往不是一个。例如,某个高校可能所处的区域有经济或文化优势;在某些专业有高水平的师资力量;在某些专业有雄厚的资源、有强有力的经济支撑等,这些都可能是民办高校办学的优势。一个办学者应该清醒地认识社会对教育的需求和政府的政策导向,准确地把握社会和政府对教育需求的方向和程度,同时也清醒、准确地认识民办高校自身的优势和劣势,做出学校定位的最佳选择。

(三)民办高校科学定位的内容

1. 办学方向定位

办学方向定位也可指办学类型与功能定位。有学者认为未来的民办高等教育的办学方向定位可以分为以下三种情况：一是职业教育型民办高校，包括专科、本科两个层次；二是全日制综合本科为主的民办高校，符合国家颁布的高校本科教育基本标准，以专业基础理论、基本技能教学为主；三是学术研究型民办高校，这是在完全成熟的本科教育基础上发展起来的高层次办学形式，以培养硕士、博士研究生为主要目标，适当结合规模适度的本科教育，以培养高层次学术理论研究人才，进行学术理论研究和高科技开发研究为主。基于民办高校发展的基础和现状，选择职业教育既是民办高校的优势，也是民办高校走向成功和深入发展的重要途径。

2. 办学层次定位

办学层次和规模是一个逐渐发展的过程，民办高校尤是如此。民办高校成立的时间相对都较短，无论经费、设备，还是管理经验和生源，都处于起步阶段，所以民办高校办学应该有一个层次渐进的过程。如选择职业教育作为办学方向，随着办学层次的不断提高，可使人才培养目标从职业技能型向技术应用型转变，以实现人才的知识、能力和素质的全面提高。

3. 服务方向定位

服务方向定位是民办高校要找准为社会服务的空间范畴，使自己的人才培养、科学研究、社会服务等项功能在最适合的地理区域或行业范围得到施展和落实。

4. 人才培养模式定位

针对社会需求、学生实际和学校现有资源，定位人才培养模式。如为了增强学生的岗位适应能力，培养应用型、职业型的创业者，在通用能力的培养基础上，可重点突出对学生外语应用能力、汉字拼写能力、微机操作能力、信息处理能力的培养。教学中，理论教学以"必需、够用"为原则，通过"项目作业"使学生掌握必要的基础理论和专业理论知识；实践教学按"产学结合、校企合作"的方式为学生创建真实的职业环境，使学生掌握所学专业若干个岗位所需要的职业技能。

二、建设特色课程是民办高校可持续发展之法

每所学校能够生存、发展、出名，依靠的主要是特色，民办高校若想在激烈的竞争和严峻的环境下生存和持续发展，课程设置就必须走特色化道路。在课程设置方面不仅应重视基础性、学术性，还应重视职业性和实用性。因此，在课程设置上要重满足社会发展和个人就业素质提高的需要。民办高校要根据生源的差异性和其对课程设施多样性的要求，依据本校资源优势开设特色课程，以满足学生的兴趣、需求和特长，进而使培养的学生能够适应社会的需要。尤其是现代高校的社会服务功能和文化市场功能明显突出，学生成为知识的接收者，其地位由从属到主导，可以说学生的发展在一定程度上影响着一所高校的发展和规模，学生是民办高校生存和发展的基础，满足学生的需要就是民办高校发展的保障，而特色课程是满足学生发展的最有效途径，所以，特色课程的建设是高校尤其是民办高校可持续发展之所需。

（一）民办高校建设特色课程的优势

1. 民办高校灵活的办学机制是建设特色课程的基础

政府通过改善高等教育管理体制，落实高校办学自主权，加强了民办高等教育发展的自主性。政府已在很多具体领域放权，允许多样化发展，由原来的全面管理转为宏观管理。这样，民办高校已在较大领域享有办学的自主权，可按市场需求设置相应的专业。同时，民办高校也在政府的职能转换中逐渐产生了自主办学的思想，树立市场经济竞争的观念，力争发挥自身优势条件，尤其是根据本校资源优势进行特色课程的建设，以此突出办学特色，使培养的学生能够适应市场经济和社会发展的要求。

2. 社会人才观念的转变是建设特色课程的动力

在商品经济日益发展的形势下，社会各个行业对用人的需求也发生了很大的变化。与此相适应，人们的价值观、知识观、人才观、择业观等日趋多元化、实用化。许多行业喊出了"需要即是人才""合适就是人才"的口号，学生和家长开始把目光投向民办高校，民办高校为满足

社会的需要，开始开设多种多样、各具特色的课程。所以，人才观念的转变是民办高校建设特色课程的直接动力。

(二) 民办高校建设特色课程所遵循的原则

1. 合理性原则

特色课程的设置要符合教育规律，要符合民办高等教育的培养目标和特点，这就要求课程结构要合理，使之既有利于提高学生的全面素质，又有利于每个学生的个性发展，使学生学有所长，各得其所。由于社会对人才有着不同的需求，要求学生必须不断开发自身的潜能和不断适应市场变化的能力以及对专业领域的创新能力，因此民办高校的课程设置不仅要有多层次、多元化特点，还要进行局部优化，使某门课或某类课要新颖、精炼，便于培养目标的实现。特色课程不仅应力求形式上的系统与完整，还要重视内容的实用性和可操作性，适当增加实践课的比重，加强与社会进步和未来科技发展的联系。

2. 实用性原则

特色课程本身必须是有意义的、可行的、可学和可用的，因此课程内容不仅要注重知识事实，还要注重处理知识的技能，要审慎处理知识的广度和深度，课程内容必须与学生的实际有机结合。在进行特色课程的设置时，一是要面对生源实际，这是特色课程设置要考虑的基础条件和出发点。面对不同层次和起点的生源现状，要有多元化、多层次的课程设置，以便有效地进行因材施教，实现培养目标。二是要面对社会需求和就业需求。特色课程设置应联系社会实际，与学生的就业需要密切相关，课程开发要从切合本地区社会、经济发展特色入手，建立起既符合经济建设和社会发展目标，又切合学校自身优势，同时满足学生需求的高等教育特色课程体系。

3. 灵活性原则

特色课程设置要具有灵活性和弹性，唯有如此，课程才能适应变化，才能吐故纳新，具有生命力和活力。因此，灵活性和弹性应贯穿特色课程设计和实施的全过程，特色课程设置应该明确学生的学习动机和就业需求，充分考虑学生的原有知识结构和能力，精心组织和取舍教学内容。同时，课程设置应面向学生的未来，注重对学生创造思维和能力的培养，使学生具有在本知识领域扩展、深造的能力。

4. 统一性原则

课程设置需要考虑学科、学生、社会等因素及其相互关系，也由于人们关注课程问题的视角不同，因而有的人从社会需要出发，主张根据社会发展确定课程内容及课程活动；有的主张以学生为中心，认为课程应以学生心理发展特征和社会化需要为标准；有的认为课程应以学科分类为基础，以掌握学科知识和相应技能为目标。对于民办高校的课程建设来说，必须坚持这三方面的统一，坚持对社会需求、学生实际、学科特点的分析，才能顺利实现课程目标。

三、挖掘自身潜力、培育高校精神、塑造品牌形象是民办高校可持续发展之源

在竞争越来越激烈的高等教育市场中，民办高校必须认清高等教育需求的市场化形势，利用其自身优势，培育高校精神，通过塑造品牌来提高竞争能力，这是民办高校可持续发展的不竭动力与源泉。

（一）民办高校具有了公办高校所拥有的发展基础，应以此为生长点，培育高校精神，塑造品牌形象

民办高校整体优势虽不如公办高校，但其也具有了公办高校拥有的发展基础保障。这主要表现在两方面：一是民办高校具有国家法律的支持和保障。随着我国民办教育的发展，国家出台了一系列有关民办教育的文件，正确定位了民办教育的本质属性。国家对民办教育采取积极鼓励、大力支持、正确引导、依法管理的方针。《民办教育促进法》又为民办教育事业创造了一个更加宽松、有利的公平竞争的政策环境。二是民办高校具有"民办公助"特征。所谓"民"，指的是已离、退休和少数尚未离、退休的国家干部，他们是民办学校的创办主体之一。所谓"公助"，即国家之助。"公"包括中央及地方各级政府，全国及地方的

国办大专院校，科研院所，高新技术开发区，国有企业等。"助"包括土地使用、房屋兴建与租借、设备支援、人力支援等。

由此可见，我国民办高校与公办高校一样，具有国家法律的支持和保障，按照党的教育方针、法规、政策办学，是我国社会主义教育事业的组成部分。所以，从某种程度而言，民办高校同公办高校一样，在国家的支持下具有一定的发展基础。民办高校应以此为生长点，加快高校精神的培育。高校精神是一所高校赖以生存的支柱和精神推动力，它是融科学合理的教育观念、健全的高校制度、民主的管理模式、积极向上的行为方式和健康和谐的校园文化于一体的一种整体的高校风貌，由高校精神所形成的吸引力和凝聚力必然产生"有诸内必形于外"的高校品牌形象。高校精神所创设的那种体现学校风范正气的精神氛围时刻激励、统率着高校每个师生的意志，因此，民办高校必须加快对高校精神的培育，通过高校精神的渗透性和示范性开发其潜在价值，塑造其品牌高校形象。

（二）民办高校要利用自身优势打造品牌，形成核心竞争力

民办高校与公办高校相比，又具有公办高校所不及的优势。具体表现有两点：一是机制灵活、决策高效，适应市场和社会需求。民办高校是在市场经济条件下产生并发展起来的，它最了解市场的需要，对市场反应最为灵敏，顺应时代的变化而变化，社会需要什么人才，市场需要什么人才，民办高校就培养什么人才，这是其具有强大生命力的基础。同时，民办高校灵活的办学机制、充分自主的教育管理权，为顺利适应社会变化提供了有力的保障。二是具有较强的竞争内驱力。民办高校发展同办学者及教职工的物质利益和社会地位密切相关，因此，民办高校在求生存、促发展上比公办高校有更大的积极性、主动性，具有强烈的提高教学科研质量、建立名牌学校的愿望，这就客观上为民办高校的发展带来了较强的内驱力。

民办高校可利用这些优势，打造品牌，形成核心竞争力。第一，民办高校应充分利用办学机制灵活、自主权较大的优势，创建多元办学模

式，借助外力发展自己，促进教育资源优化配置，以弥补实力不强或办学资金不足的状况。第二，利用机制上的优势，在科学定位的基础上，按市场需要设置专业，建设特色课程，使学生学有所长、学有所用。第三，激发教师竞争内驱力，培养自己的品牌教授。因为知名教授能够创立学科优势，而学科优势才能吸引优秀学生。因此，教授是创立学校品牌、形成核心竞争力的关键。民办高校可建立有效的激励机制，鼓励教师做项目、搞科研，开发精品课程。高校要为教师提高学术水平和教学能力创造一定的物质条件，将教师的潜力挖掘出来，开设品牌课程，打造一流的品牌服务，形成强有力的核心竞争力。

第二章 应用型人才的内涵与特征

第一节 高素质应用型人才的内涵

一、高素质人才

从外延上看，人才素质可以归纳为四大类：身体素质、心理素质、专业素质和综合素质。其中，综合素质应包括道德素质、人文素质、科学素质、社会素质和信息素质五个方面。将它们彼此分开，有助于更好地明确高素质人才的素质结构与要求，为教育教学提供更加明确具体的依据。

在上述八种素质中，专业素质之外的身体素质、心理素质、道德素质、社会素质和信息素质是更加基本的素质。高校毕业生要能够适应社会，在社会上立身立业，必须在这五个方面都达到一定的水平，所以它是高等教育必须进行培育的。而人文素质与科学素质相对而言要高一个层次，虽然作为一个合格的高校毕业生应当具有一定的人文素质与科学素质，但是这种要求通过专业教育及其他方面的教育就可以达到。将它们作为两项独立的人才培养内容提出来，则是为了提升人才培养的层次，是对高等院校人才培养的更高要求，是高素质人才之"高"的重要体现，这也是将综合素质划分为上述五个方面的主要原因。

上述四个大类、八个方面只是对高等院校所培养的人才应具备的素质所做的概括，要做到这一点，还必须进一步明确每一种素质的内涵与构成，从而明确高等院校的教育教学究竟应当从哪些方面去培养上述各种素质。也只有明确了各种素质的具体内容，才能有效判断所培养的人才的素质是高还是低。

从内涵上看，人才的素质应当包括知识、能力、观念与精神三个层次，其中知识与能力相对而言是浅层次的、外显的，是工具性的内容；观念与精神则是更深层次的、内在的，是知识、能力与个人性格特征等有机结合以后生成的，是本质性的内容。

高素质人才必须具备丰富的知识、较强的能力，这是毫无疑问的。问题是究竟应当具备什么知识？应当具备哪些方面的能力？除知识与能力之外，高等院校所培养的高素质人才是否还应当有其他方面的要求？根据前面的分析可以认为，高等教育既是国民教育，又是职业教育。高等院校培养的高素质人才，必须具有一定的专业知识与能力，能够胜任某种社会职业；同时还应当具有较为全面的非专业知识与能力，包括身体知识与能力、心理知识与能力、道德知识与能力、人文知识与能力、科学知识与能力、社会知识与能力以及在信息化社会人人都必须具备的知识与能力。

高素质人才还应当具有更深的内涵，应当在观念与精神方面达到较高的水平。知识与能力所涉及的主要是人的天赋潜能，是相对表层的、器质性的内容，对人的心灵、人的内在精神并不会有太多的触及。人才素质不仅应当包括知识与能力，而且还应当包括观念与精神，应当是知识、能力以及观念与精神的有机统一。知识、能力是相对具体的，能够通过具体的教学内容、教学环节进行培养，并进行考核评价。观念与精神则较为隐蔽，是内在于人的是整个教育内化以后的结果，是学生在离开学校、把所学的东西全部忘记以后所剩下的东西。但是，观念与精神又是人之为人最为重要的方面，是人的主体性的集中体现，因而也是人的素质最为重要的方面。高等院校所要培养的高素质人才是具有人之为人的内在本质特征、在观念与精神方面达到较高水平的人才。

知识、能力、观念与精神作为人才素质的重要组成部分，既紧密相关，又有所不同。知识和能力是相对表层的，也是基本的方面，观念与精神则是更加深层次的内容。高素质人才之"素质"，更多地体现在观念与精神方面。高等院校的教育教学能否称之为素质教育，也主要体现在是否注重学生的观念与精神的培育，是否在传授知识、培养能力的过程中，有计划地促使学生在观念与精神方面发生积极的变化，是否使学生在学习知识与技能的同时，不断地进行自我重塑。更进一步说，学生观念与精神的培育正是高等教育之"育"的集中体现，是真正的化育之功，而知识传授与能力培养所体现的主要是"教"的方面，高素质人才一定是在知识、能力、观念与精神三个方面都达到较高水平的人才。

社会需要的人才是多种多样的，学生的天赋潜能、兴趣爱好以及对高等教育的需求也是多种多样的。从客观上讲，不同院校由于在国家高等教育体系中所处的层次不同，所拥有的教育教学资源条件不同，在人才培养的目标与规格方面也应有所不同，但这种不同主要是指专业素质方面，是不同高校在满足社会对专业人才的需求方面各有其针对性。例如，在专业理论素质和实际应用能力的培养方面，高水平的研究型高校可能更加侧重于专业理论素质的培养，占绝大多数的教学型院校则应侧重于实际应用能力的培养。同样是应用型人才的培养，不同院校还可能会结合学生就业的地域特征、行业特征、用人单位特征等而有差别。在非专业的身体素质、心理素质、道德素质、人文素质、科学素质、社会素质、信息素质的培养上，对不同专业的学生也应有不同的要求。不同院校由于教育理念的不同，在教育教学实践中也必然会各有侧重，这都是正常的，也是必要的。因为只有这样，才能体现出高等教育的多样化，才能满足社会对高素质人才多样化的需求和学生对高等教育多样化的需求。高等教育的多样化只能是在完整而均衡教育的前提下各有侧重、各有特色。因此，不管是什么学校，也不管它们在人才培养的目标与规格方面有什么不同，只有当它培养的人才在身体素质、心理素质、专业素质、道德素质、人文素质、科学素质、社会素质和信息素质这八种素质中的每一种都达到一定水平，并在某一方面或几方面达到较高水平，它所培养的人才才能称之为高素质人才，它的教育教学才可以说是高水平的。

二、高素质应用型人才

所谓高素质应用型人才，是指具有较高的身体素质、心理素质、专业素质和道德、人文、科学与信息素质以及社会素质，特别是具有从事实际工作的专业素质，能够胜任企事业单位、政府部门管理与技术岗位工作的专业人才。高素质应用型人才不仅包括外在的、表象层面的知识和能力，而且包括内在的、隐含在更深层次的观念与精神。

高素质应用型人才之"应用"强调的是以专业技能和必要的社会能力为核心的职业能力，也就是"可雇佣能力"或"可就业能力"，并且是指通过具体的操作、方案设计、组织协调等解决实际问题的能力，以区别于胜任教学、科研等工作的能力；高素质应用型人才之"素质"，强调的是学生作为一个和谐发展的人应当具有的各种非专业素质，特别是深层次的观念与精神方面的素质。正是对这些素质特别是观念与精神的培育，才是高等教育之"育"的集中体现，是真正的化育之功，而知识传授与能力培养所体现的主要是"教"的方面。民办高校人才培养模式创新的目的就是要培养在知识、能力、观念与精神方面都达到较高水平，素质高、就业能力强的高素质应用型人才。

需要特别指出的是，作为高素质应用型人才素质重要组成内容的能力是一种行为能力，也就是可以付诸实践、能够做出来的能力。并且这种能力根据其熟练程度的不同，可以分为很多层次。高校培养的高素质人才应当具有的能力是多种多样的，不同类型的能力在熟练程度的要求上也有差别，特别是专业能力和非专业能力之间的要求差别比较大。有些能力只要具有就可以了，熟练则是参加工作以后在实践中逐步提高的事情，这主要是一些重要的专业技能。有些能力则要求达到熟练的程度，这主要是如计算机操作、专业软件使用、文字表达等基本能力。有些能力则必须达到"习惯成自然"的程度，也就是说必须养成行为习惯，这主要是非专业性的社会能力，特别是日常工作中的基本行为，因为此类能力需要集中精力甚至专心致志地刻意去做，而是要在日常工作和生活中自然而然地表现出来。通常情况下，人们都把这类能力称之为"行为习惯"，以区别于其他两类能力。

第二节 应用型人才的特征

一、应用型创新人才的内涵界定与特征分析

随着我国经济的发展、产业结构的快速优化升级，对劳动力需求的类型提出了新的要求。时下，社会的发展和进步除了需要各种各样的学术型、研究型人才外，对那些拥有知识转化和技术开发能力的一线劳动技能型人才的需求也在不断扩大。目前，我国经济社会的发展需要培养一大批拔尖创新人才，为了满足当下和未来社会经济科技发展的需要，"应用型创新人才"的概念应运而生。

应用型创新人才是相对于理论型人才而言的人才类型。应用型创新人才能根据市场需求把发现、发明、创造变成可以实践或接近实践的东西，主要承担转化应用、实际生产的任务，在各行各业的产业化升级和更新中起到生力军的作用，从而为推动整个社会的顺利转型做出突破性贡献，其具有多元化交叉的知识结构、精深的专业技术能力、强烈的社会责任感、富于批判精神和创新的研究意识。应用型创新人才培养具备如下特征。

（一）应用型创新人才培养是一种新型的高等教育类型

培养应用型创新人才成为许多高等院校的办学定位和培养目标。培养目标是整个学校教育教学活动的出发点和依据，也是学校教育教学活动的最终归宿，以培养应用型创新人才为主要目标的工科院校，应使"应用"成为学科布局、专业设置、科学研究、教学模式、质量评价、办学传统的主色调，其专业培养目标和课程体系建设要体现出跟传统本科教育的差异。

（二）应用型创新人才培养强调应用型特色

在提高生产效益和工艺水平方面，应用型人才的作用更为显著。与理论型人才培养注重理论性知识，强调理论研究，强调宽口径、厚基础相比，其更强调应用性知识，更强调技术应用，更强调理论与实际相结合，体现应用型创新特色。在教学、科研、社会服务上，应用型是特色，是优势，是本质特征。

（三）应用型创新人才培养应突出创新型特色

在明确了本校、本专业应用型人才的质量规格之后，设计出切合实际、便于操作的培养方案就成为实现培养目标业务规格的关键，而构建逻辑性强、相对完整的培养体系是人才培养方案设计工作的重中之重。应通过改革和探索，构建起能敏锐地反映社会需求，重基础理论、重创新能力、强实践技能、强综合素质的"两重两强"的人才培养模式。

二、应用型创新人才能力培养的必要性分析

（一）能力培养是实现高校学生职业目标的关键

学生就业阶段面临通过探索认识自己及职业，包括通过学习或工作所提供的资料及刺激，结合对个人需要、兴趣、价值观、能力、性格等的澄清，确立未来更明确的职业发展目标和制订更具可行性的计划的任务。据调查，应用型创新人才已具备一定的认识环境的能力和反馈修正的能力，能够通过多种渠道收集并整理关于周围环境特别是职业世界的信息，会关注自身及周围环境的变化，且会随这种变化一定程度地修正职业生涯目标及计划。

（二）能力培养是完善民办高校教育体系的必然

完善的教育体系不仅仅应包括各门专业课程，更要帮助学生提升个人发展的可持续能力，推进其个性的、全面的、终身的发展。对于应用型创新人才而言，通过能力培养，可以进一步了解和把握企业的用人标准、岗位素质要求和能力要求，使学习的方向性、目的性更明确；认识

到企业的用人标准和自身的差距,使自己能够正确评估自我、明确职业目标,转变就业观念;进一步了解社会,合理规划自己的职业生涯,增强职业适应力和竞争力。这必然要求民办高校立足现实,建立高效、实用的教学运行机制,培养学生的综合能力,从而提升自身的竞争力和吸引力。

(三)能力培养是适应企业快速发展的需要

民办高校按照企业的实际用人标准来培养学生的素质和能力,降低了企业与学生之间的磨合难度,有利于学生快速成为能迎合企业未来发展的员工;有利于学生快速融入企业组织,提升企业人力资本。

三、应用型创新人才能力需求分析

应用型创新人才实际上是指培养过程符合国际工程教育的理念,以产出为导向实施教学,使培养的人才完全满足企业与社会的需求,并在此基础上具有一定的创新能力,从而推动产业的发展。因此,应用型创新人才就业能力结构需求实际上就是国际工程教育提出的毕业要求和企业对人才的能力结构要求的综合。

(一)国际工程教育能力培养的主要内容

国际工程教育观是工程教育专业认证的核心理念,各专业制定的毕业要求应完全覆盖的内容包括工程知识、问题分析、设计/开发解决方案、研究、使用现代工具、工程与社会、环境和可持续发展、职业规范、个人和团队、沟通、项目管理和终身学习等12个方面的能力与素质。

①工程知识:能够将数学、自然科学、工程基础和专业知识用于解决复杂工程问题。

②问题分析:能够应用数学、自然科学和工程科学的基本原理,识别、表达及通过文献研究分析复杂工程问题,以获得有效结论。

③设计/开发解决方案:能够设计针对复杂工程问题的解决方案,设计满足特定需求的系统、单元(部件)或工艺流程,并能够在设计环

节中体现创新意识，考虑社会、健康、安全、法律、文化以及环境等因素。

④研究：能够基于科学原理并采用科学方法对复杂工程问题进行研究，包括设计实验、分析与解释数据，并通过信息综合得到合理有效的结论。

⑤使用现代工具：能够针对复杂工程问题，开发、选择与使用恰当的技术、资源、现代工程工具和信息技术工具，包括对复杂工程问题的预测与模拟，并能够理解其局限性。

⑥工程与社会：能够基于工程相关背景知识进行合理分析，评价专业工程实践和复杂工程问题解决方案对社会、健康、安全、法律以及文化的影响，并理解应承担的责任。

⑦环境和可持续发展：能够理解和评价针对复杂工程问题的专业工程实践对环境、社会可持续发展的影响。

⑧职业规范：具有人文社会科学素养、社会责任感，能够在工程实践中理解并遵守工程职业道德和规范，履行责任。

⑨个人和团队：能够在多学科背景下的团队中承担个体、团队成员以及负责人的角色。

⑩沟通：能够就复杂工程问题与业界同行及社会公众进行有效沟通和交流，包括撰写报告和设计文稿、陈述发言、清晰表达或回应指令，并具备一定的国际视野，能够在跨文化背景下进行沟通和交流。

⑪项目管理：理解并掌握工程管理原理与经济决策方法，并能在多学科环境中应用。

⑫终身学习：具有自主学习和终身学习的意识，有不断学习和适应发展的能力。

(二) 现代企业对人才的能力需求

现代企业对人才的渴求越来越迫切，同时对人才的要求也越来越高，既要求人才具备较强的专业知识，又要求他们具备较强的综合素质和能力，从而能够对企业的产品升级、技术改造、生产、经营管理及未来发展做出应有的贡献。其中对学生的综合素质和能力的要求不仅包含智力方面的要求，也包含非智力方面的要求，具体可以归纳为以下内容。

1. 智力要求

具备良好的基础知识与专业知识、良好的职业道德守则、法律法规常识、计算机操作与应用、外语、工程应用、创新能力、知识更新能力、社交礼仪知识、调研能力、谈判技能等。

2. 非智力要求

具有较好的职业道德素质、团队协作能力、沟通能力、科学决策能力、交往协调能力、事业心、责任感、创新意识、权变意识、心理承受能力、心理素质、集体荣誉感、吃苦耐劳的精神等。

(三) 应用型创新人才应具备的能力结构

综合国际工程教育能力培养的内容与现代企业对人才的能力结构要求，可知应用型创新人才应具备的能力结构具体包括如下几个指标。

1. 智力要求

与专业相同或相近的工程应用能力、设计开发能力、工具运用能力、工程管理能力、创新方法、创新意识、创新思维、决策能力、学习能力、专业知识、知识拓展能力、人文科学素养等。

2. 非智力要求

职业道德、职业习惯、沟通与交流、团队合作精神、国际视野、政策法规的解读、潜力激发、创新动机、资料收集等。

具备上述能力结构的应用型创新人才能很好地满足社会需求与现代企业的用人需求，能在就业时呈现出明显的竞争力，在工作中呈现出较好的发展潜力。

第三节　人才培养模式的内涵

一、对人才培养模式的理解分类

(一) 基于内涵和外延的认识的理解

1. 结构方式论

结构方式论认为人才培养模式是指为受教育者构建什么样的知识、能力、素质结构，以及怎样实现这种结构的方式。

2. 目标方式论

目标方式论认为"培养什么样的人"和"怎样培养人"两方面的综合就是人才培养模式。

3. 过程样式论

过程样式论认为人才培养模式是一种对于培养过程的谋划、设计、建构和管理，它是关于人才培养过程质态的一种总体性表述。其定义为：在一定教育思想和教育理论指导下，为实现培养目标（含培养规格）而采取的培养过程的某种标准构造样式和运行方式，在实践中形成了一定的风格或特征，具有明显的系统性与范型性。其外延应为整个培养过程，它所针对的是位于办学模式之下、教学模式之上的概念区间的教育问题。大于或小于这个外延，都会伤及概念的精确性和完整性。因为，超出培养过程，就会和办学模式混淆不清；小于培养过程，则可能降格为教学模式。

4. 目标过程论

目标过程论认为人才培养模式是指在一定的现代教育理论、教育思想指导下，按照特定的培养目标和人才规格，以相对稳定的教学内容和课程体系、管理制度和评估方式，实施人才教育过程的总和。具体包括四层含义：一是培养目标（包含规格），二是实现培养目标的整个教育过程，三是贯穿于这一过程的一整套管理和评估制度，四是与之相匹配的科学的教学内容、方式和方法。

5. 系统结构论

系统结构论认为人才培养模式是一个系统，应包含下列具体含义：一定的教育思想（理论）的指导、具有目标性、具有相对的稳定性、具有发展性、由诸多要素构成、系统性与范型性。

(二) 基于观点归纳总结的理解

1. 过程说

过程说认为人才培养模式实质上是人才素质要求和培养目标的实施的综合过程和实践过程。

2. 方式说

方式说认为人才培养模式是指在一定的教育思想和教育理论指导下，为实现培养目标而采取的教育教学活动的组织样式和运行方式；一定的教育思想和教育理论指导下，为实现培养目标（含培养规格）而采取的培养过程的某种标准构造样式和运行方式；教育思想、教育观念、课程体系、教学方法、教学手段、教学资源、教学管理体制、教学环境等方面按一定规律有机结合的一种整体教学方式；在一定的教育思想指导下，人才培养目标、制度、过程的简要组合，是为了实现一定的人才培养目标的整个管理活动的组织方式。

3. 方案说

方案说认为培养模式是在一定的教育教学思想、观念的指导下，为实现一定的培养目标，构成人才培养系统诸要素之间的组合方式及其运作流程的范式，是可供教师和教学管理人员在教学活动中借以进行操作的既简约又完整的实施方案，是为实现一定的培养目标而采取的教育方案和教育方式。

4. 要素说

要素说认为人才培养模式是指在一定教育思想指导下，培养目标、教育制度、培养方案、教学过程诸要素的组合，是为实现人才培养目标而把与之有关的若干要素加以有机组合而成的一种系统结构。

5. 机制说

机制说认为所谓人才培养模式是在一定的教育思想、教育理论和教育方针的指导下，各级各类教育根据不同的教育任务，为实现培养目标而采取的组织形式及运行机制。

第一种理解遵循过程样式论，认为人才培养模式应包含七项基本构成要素：教育理念、培养目标、专业设置模式、课程体系构造形态、培养途径、培养制度和教学组织形式。这些要素虽然所发挥的功效不同，但在人才培养模式中所处的地位却是平等的，离开它们其中任何一个，人才培养模式都无法形成。第二种理解把人才培养模式定义为：在一定的教育理念指导下，为实现一定的培养目标而形成的较为稳定的结构状态和运行机制，包括教育理念、培养目标、培养过程、培养制度、培养评价。

二、人才培养与人才培养模式的基本内涵

（一）人才培养的基本内涵

"人才"首先是"人"，然后才是"才"。我国古代通常把"德"与"才"并列，认为"人才"既要有"才"，同时还要有"德"。"才"是一个人所具有的知识和能力，"德"是一个人所具有的道德品质。"人才"之"人"并不仅仅是指"德"，同时还包括许多其他方面，如心理、情感、习惯、行为方式等，总之是一个人作为一个社会个体，作为一个历史文化产物的全部内容。因此，"人才培养"中的"培养"一词，就不仅仅指如何使学生"成才"的过程，同时也指甚至在更大的程度上指如何使学生"成人"的过程。只有把"成才"与"成人"结合起来，才能培养出真正的"人才"。

"成才"与"成人"是两个既相互联系，又有区别的过程。这不仅是因为培养的目的与内容存在差别，而且因为培养的方式乃至时间与空

间都存在差别。"成才"的过程主要是知识和能力"培育"的过程，而"成人"的过程则主要是在正确引导下的自我修养过程，是一个道德人格、心理与情感等逐渐"养成"的过程。所以人才培养的"培养"应该包涵"培育"和"养成"两个方面，是"培育"和"养成"相互促进的一个共同作用过程。从学的角度讲，就是将所学知识付诸实践；从教的角度讲，则是对学生进行行为训练。所谓"涵养"，就是营造一定的客观环境和主观环境，使学生浸润其中，在不知不觉中受到积极的影响，所谓"习与智长，化与心成"。一方面使所知所学得到校正、强化，使其不断沉淀与内化；另一方面也为学生提供了更多的、其他教学环节无法提供的学习内容与机会。

(二) 人才培养模式的基本内涵

简言之，人才培养模式也就是把学生培养成人才的模式。既然人才培养包括"成才"与"成人"两个过程，而这两个过程又包含"培育"和"养成"两个方面，那么人才培养模式也应该包含使作为培养对象的学生"成才"与"成人"两个过程，应该体现在对培养对象进行"培育"和"养成"两个方面。因此可以将人才培养模式定义为"如何将进入高校学习的高中毕业生'培育'和'养成'为人才的模式"。它既是使学生"成才"的模式，也是使学生"成人"的模式，是两者的有机统一，具体内容包括四个方面：知识获取传授、能力开发、素质培育和行为养成，每一方面的内容都有相应的实施模式，人才培养模式就是这四方面实施模式的总和。

这一模式不仅贯穿人才培养的全过程，而且贯穿人才培养组织实施的全过程，包括一系列的教育教学组织实施活动在内。并且，具体的知识获取、能力开发、素质培育和行为养成过程主要涉及教师的教育教学过程和学生的学习过程。而这些过程本身就是构成人才培养模式的重要内容，这些过程上的差异同样也反映出人才培养模式的差异。从培养过程来看，人才培养模式还应当包括培养目标形成模式和培养过程组织模式。前面所述的知识获取模式、能力开发模式、素质培育模式、行为养成模式则可以归结为教师教学模式和学生学习模式两个方面，即人才培养模式应由培养目标形成模式、过程组织模式、教师教学模式、学生学习模式四个方面组成。

三、不同类型人才培养模式比较

人才培养模式是为培养目的服务的，必须与所培养人才的类型与规格相适应，才能取得良好的效果。研究型高校以培养研究型人才为目的，具体培养目标的确立则应以科学技术发展的需要为依据，有效的培养模式应当能够培养出大批优秀学者和杰出科学家，标志性的成果应当是钱学森所说的各学科领域的大师以及社会各界的杰出领袖人才；教学型高校以培养应用型人才为目的，具体培养目标的确立则应以社会经济发展的需要为依据，有效的培养模式应当能够培养出大批优秀工程技术人才、经营管理人才和文学艺术人才，标志性的成果应当是各领域杰出的工程师、设计师、企业家、艺术家；职业技术学院以培养技能型人才为目的，具体培养目标的确立则应以用人单位或学生毕业后拟从事的具体工作或岗位的需要为依据，有效的培养模式应当能够为各行各业培养出大批优秀技工，标志性成果应当是大批高级工艺师、高级技师等。

表2-1从人才类型、职业发展目标、工作的性质、工作目的、核心能力、精神素质、专业培养内容、课程/教材体系特征、培养方法以及培养依据十个方面，对三种类型人才的培养做了比较。从表中可以看出，由于三类人才未来所要从事的工作在性质和目的上不同，个人可能的职业发展目标不同，因而应当具有的就业能力和职业发展能力也不同，表现在所应具备的核心能力和精神素质上，研究型人才应具有一定的从事科学研究的能力和求真的精神；技能型人才只需具有一定的实际操作能力就可以了，因为其工作的目的就是完成具体的工作，将已经设计好的东西按要求做出来就可以了，这就要求他还应具备精益求精的精神，操作要精准，做出来的产品要精密，而且精度越高越好；而应用型人才则承担着解决实际问题、创新技术、工艺和方法的责任，所应具备的能力是复合型的，既要具备一定的实际操作能力，能够完成具体的管理与技术工作，又要具备一定的组织管理能力或技术设计能力，能够胜

任组织管理或技术设计工作。相应地,在精神素质上则应具有求实精神,能够脚踏实地,紧密联系实际,把理论知识、科学方法与工作实际结合起来。

表2－1　不同类型人才培养模式比较

人才类型	职业发展目标	工作性质	工作目的	核心能力	精神素质	专业培养内容	课程/教材体系特征	培养方法	培养依据
研究型	学者科学家	知识探求/探索未知	发现知识/创建理论/创新技术	研究能力	求真	是什么?为什么?理论+研究方法	理论体系/理论体系	理论研讨+调查研究	科学技术发展需要
应用型	工程师高管企业家	知识应用	解决实际问题/创新方法	解决问题能力=操作能力+管理/设计能力	求实	是什么?为什么?怎么做?理论+专业技能	理论+技术体系/知行体系	理论研讨+专业训练	社会经济发展需要
技能型	高级技师	方法应用	完成作业/技术实现	操作能力	求精	是什么?怎么做?知识+操作技能	方法体系/工作体系(或经验体系)	知识传授+操作训练	工作/岗位需要

在培养方法上,研究型人才的培养主要应当采取理论研讨和调查研究训练相结合的方法,以使其既有一定的理论水平,又具备一定的调查研究能力;应用型人才的培养则应当采取理论研讨与专业训练相结合的方法,专业训练既是操作训练,也应当包括必要的调查研究训练,以培养学生发现问题、分析问题和解决问题的能力;技能型人才的培养则应当采取知识传授与操作训练相结合的方法,重在进行实际的操作训练,以掌握一定的操作技能。

第三章　应用型人才培养体系建构与设计

第一节　应用型人才的培养模式

我国经济正进入转型升级的时期，特别是以制造业为代表的实体经济是国家经济产业发展的重点领域。实体经济的发展需要国家培养大批能适应实体产业需求的应用型人才，特别是工程类应用型人才。目前世界各国均面临着工程人才相对短缺的问题，这种现象更加大了工程类人才的需求缺口。

一、CDIO应用型人才培养模式

工程技术专业人才培养有其自身的规律性，工程教育发展方向与培养目标也不断变化。从应用型人才培养目标来看，工程教育的目标毫无疑问应该是培养工程师，这种工程师应该具备广博的知识、精湛的技术、良好的人际沟通能力和系统构建能力的工程师。要培养这样的工程师就需要引入新的工程教育理念，在这样的背景下，CDIO工程教育模式和理念应运而生。

CDIO模式是一种工程教育改革模式，并创立有以CDIO命名的国际合作组织，如今全球已经有近百所高校加入了CDIO工程教育国际合作。CDIO是Conceive（构思）、Design（设计）、Implement（实现）、Operate（运行）的首字母，代表了产品、系统或过程的整个生命周期的所有环节，即构思—设计—实现—运行。这一理念的核心就是工程师的人际交往和系统构建能力必须在真实的工程实践环境和解决工程问题的过程中取得。

CDIO 理念旨在为学生提供一种在真实工程实践环境中完成产品、系统和过程等整个生命周期活动的工程教育，它提供了培养目标、课程体系、教学方法、学习方法及评估改进一体化的解决方案。

（一）工程教育改革背景

工程教育改革是为了应对经济全球化带来的挑战，经济全球化是生产力和国际分工高度发展的产物，是新科技革命推动的结果，它与信息经济相适应，其形成是历史发展的客观过程。

20 世纪中期以来，工程教育主要是以实际操作能力为主，主要考核的是工程师的实际操作能力。随着工程科学的发展，工程教育越来越依赖一些复杂的分析工具，而工程教育也就由此开始和实际操作能力相脱离，侧重于学术研究。在经济全球化背景下，现代企业对毕业生专业技术知识的要求在不断提高，越来越多的人意识到工程人员必须拥有良好的团队协作精神、系统分析能力及实际动手能力，以适应现代化工程团队建设、新产品与新系统开发的需求。

以计算机普及和互联网出现为主要特征的信息革命逐步深化，材料科学、生命科学、微电子等科学的迅猛发展不可逆转地改变了工程实践，对学生和工程师提出了更高的要求。

（二）CDIO 的内涵

CDIO 是基于产品、过程或系统的流程周期，代表构思—设计—实现—运行的流程，强调在实际工程背景下的学习，实现理论知识学习与工程实践能力培养相融合的工程人才培养理念。CDIO 的四部分涵盖了工程活动的完整流程经历的阶段，它提出的出发点就是使培养的工程人才成为能够胜任这个流程工作的工程师。

CDIO 的核心思想是以客户为导向，通过设计、制造与运行来实现客户目标，这个理念实际上来自市场营销。从营销学的视角来看，一个产品是生产出来再销售，还是了解需求以后再设计、生产，是完全不同的概念。工程教育也是如此，工程师首先要树立的是客户理念，客户需要什么样的产品和服务，客户的需求点在什么地方，痛点、难点是什么，工程师都要了解清楚并体验到才能开展产品的创新。就像 CDIO 提出的一样，工程教育首先需要了解企业需要什么样的人才，确定培养什么样的人，然后才是怎样培养人。从企业的需求端来看，企业需要的工程人才需要具备以下几个方面的素质与能力。

1. 良好的工程科技基础

所谓的"良好的工程科技基础"是有内涵而非抽象空洞的，它至少包括数学能力、物理能力和信息技术能力。数学能力体现的是严谨的逻辑思维、严密的过程管理以及从已知到未知的推理能力。物理能力是对客观世界的认知能力，也就是对事物本身运行规律的认识能力。这种规律的表现形式即"知识"或"真理"，工程师要具备探索数学"美"的能力，也要具备把事物表现出的不规则、复杂、无序转化为规则、单纯和有序的能力，这可以说是对工程教育提出了更高、更深的要求。

2. 交叉学科知识和系统观察能力

科学上的许多重大突破往往是多学科的交叉融合、相互渗透而产生的。学科交叉融合是当代科学发展的重要特征。自然和社会现象是一个复杂的系统，只有从多视角、多层面，通过多学科交叉融合，才有可能形成正确的、完整的、系统的认识。因此，学科交叉融合是学术思想的交融、交叉思维方式的综合、系统辩证思维的体现，已成为当代科学发展的重要特征。

3. 良好的沟通与交流能力

沟通与交流能力既包括口头沟通与交流，也包括书面沟通与交流。人们一般比较重视的是口头沟通与交流，但在实际工作中，良好的书面沟通与交流能力是企业更为看重和需要的。工程师或工程技术人员需要口头沟通与交流的场景比需要书面沟通与交流的场景少得多，对于一般的技术人员也是如此。

写作被视为很重要的一项基本技能。写作是通过逻辑构思布局，组织思想通过收集证据、取舍素材，通过准确的语言表达，并通过提炼观点展示结论，这个过程需要一种缜密严谨的思维过程来实现。

书面沟通相较口头沟通具有明显的优势。书面沟通的严谨性、逻辑性更强，表达更准确，信息传递失真更小，传播范围更广，传播速度更快，保存时间更久。这些优势特别有利于工程师之间的沟通。良好的书面沟通能力会放大工程师在技术研发、创新、交流等领域内的作用，并将这一作用辐射到管理、市场、金融等领域，使工程师成为复合型人才。

4. 批判性和创新性能力

批判性思维是理性的、反思性的思维，其目的是决定人们的信念与行动。批判性思维是一种评估、比较、分析、批判和综合信息的能力，持批判性思维者愿意探索艰难的问题，包括向流行的看法挑战，批判性思维中的"批判"代表的是理性、反思性、建设性。

培养未来工程师的高校，在培养学生的批判性思维方面显得尤为重要，批判性思维是产生创新想法的起点和终点。一个创新周期起点为对别人的批判，终点为对自己的批判，从而进入新的创新周期。

CDIO 模式以关注企业对工程技术人才的需求为起点，以适应工程技术人才发展为目标，探索建立工程技术人才培养的模式和路径，为应用型人才培养奠定了坚实的理论与实践基础。

(三) CDIO 模式下的课程体系设计

CDIO 模式需要通过具体的课程设计来落实到人才培养过程中。CDIO 模式下的课程体系是在融合工程学科知识和专业知识的基础上，实现知识、能力和态度相融合的培养课程体系。其特征主要表现在以下几个方面：一是理论知识间的统一，课程体系设计改变了原先学科间相互独立的状态，实现了学科之间的相互支撑和有机联系；二是通过一系列实践环节与有机联系的理论知识交叉，实现知识学习过程与能力培养过程的一体化；三是专业技能与人文素养的培养相互融合，CDIO 是工程文化教育的一种先进理念，从 CDIO 教学大纲可以看出，CDIO 将文化的类型即科学文化与人文文化作为一个整体，把知识、思维、方法、原则与精神作为一个整体,并且突出领域的特点,即突出系统的实践性这一大特点,而成为工程文化教育。

CDIO教学大纲类似于专业培养规格,可以说是CDIO模式的工程人才培养目标体系,主要是为了解决工程教育中工程专业毕业生应该掌握的知识、能力和态度有哪些以及掌握到什么程度的问题。CDIO教学大纲将工程师应具备的知识、个人能力、人际交往能力和系统构建能力逐级细化。CDIO教学大纲的主要价值在于它具有很强的通用性,在原则上它适用于工科的任何专业,可作为所有工程专业可借鉴的一个模型。

在传统课程体系设计过程中,基本采用了学科导向的课程设计,即按学科专业知识设置课程并将这些课程按学科逻辑组织起来,构成整个本科四年的教学计划。如果按照CDIO教学大纲原则来设置课程,其课程系统的组织形式要发生大的变化,特别是需要增加综合实践类、人文素质类课程。

将CDIO应用于人才培养,需要在大纲指引下重构课程体系结构,形成与CDIO培养目标相适应的工程人才培养体系与课程结构。

二、OBE应用型人才培养模式

(一) OBE理念概述

OBE(Outcome-Based Education)即成果导向的教育。OBE认为,教学设计和教学实施的目标是学生通过教育过程最后取得学习成果。学习成果是学生通过某一阶段学习后最终所能达到的最大能力,再将成果反馈以改进原有的教学设计与教学实施。OBE遵循的是以"学生为中心"的教育理念,采取的是一种反向设计的教学思维,强调围绕学生学习组织教育教学活动,整个教育教学过程应集中围绕实现学生的预期学习成果进行设计、组织和重构。

我国的工程教育人才培养质量提升必须将工程教育理念落实到工程教育实践中,形成具有特色的工程教育体系。我国工程教育对内提高质量,对外对接标准,着力推动工程教育认证,是实现国际互认的重要基础。正是由于工程教育在应用型人才培养中的极端重要性和对国家经济发展、产业转型升级的重要支撑作用，我国高度重视工程教育质量的提升。

（二）OBE 模式的三个目标

作为学生学习成果导向的教学设计，OBE 强调培养目标、毕业要求、课程目标三者间的统一与衔接。培养目标要与学校的定位相适应，反映定位要求和定位特色，在培养目标表述上与毕业要求要有区别，特别强调要体现反向设计的理念。与培养目标相对应，还应该建立培养目标实现程度的定期评价制度与评价体系，定期评价培养目标达成情况。

在毕业要求上要体现与学校应用型人才培养目标定位相衔接，要将毕业要求与培养目标、课程目标相衔接，通过课程目标的达成使学生达到培养目标的要求和毕业要求。

在制定培养目标与毕业要求时，《普通高等学校本科专业类教学质量国家标准》是基本要求，是所有本科高校都必须达到的国家标准。无论何种类型高校，均需严格认真执行国家标准。

课程目标是落实培养目标、毕业要求的关键，也是学生学习的关键。课程目标是指课程本身要实现的具体目标和意图。它规定了某一教育阶段的学生通过课程学习以后，在发展品德、智力、体质等方面期望实现的程度，它是确定课程内容、教学目标和教学方法的基础。从某种意义上说，所有教育目的都要以课程为中介才能实现。事实上，课程本身就可以被理解为使学生达到教育目的的手段，所以说，课程目标是指导整个课程编制过程最为关键的准则。确定课程目标，首先要明确课程与教育目的和培养目标的衔接关系，以确保这些要求在课程中得到体现；其次要在对学生的特点、社会的需求、学科的发展等各个方面进行深入研究的基础上，才有可能确定行之有效的课程目标。课程目标有助于澄清课程编制者的意图，使各门课程不仅注意到学科的逻辑体系，而且关注教师的教与学生的学以及课程内容与社会需求的关系。一般来说，课程目标主要包括知识目标、过程方法目标和情感价值目标三个方面。从人才培养类型来看，主要分为研究型学习课程目标、应用型学习课程目标和技能型学习课程目标三个类型，每个类型的学习课程目标是有较大差异的。

要实现课程目标就需要对课程目标的达成情况进行评价。学习成果导向是OBE教学模式的核心理念，它强调教学设计和教学目标的实现是学生通过教育过程所取得的学习成果，这是由以教师为中心向以学生为中心的转变，这种转变要求教学组织和教学评价等教学活动以学生的学习成果为目。

(三) OBE模式的三个支撑

首先，毕业要求支撑培养目标。OBE理念的人才培养目标是对学生在毕业五年后职业能力的概括描述，也是构建学生专业知识、能力结构以形成课程体系和开展教学活动的基本依据。毕业要求是描述学生毕业时通过专业学习必须掌握的知识、技能和能力，是学生完成专业学习后取得的学习成果。培养目标以学生能做什么为关注点，毕业要求注重学生具备什么能力，它们之间是互为结果和前提的关系。

其次，课程体系支撑毕业要求。课程体系反映了课程间的相互关系、课程类型、学时学分要求、开课逻辑关系等，它是根据培养目标、毕业要求而设计制定的。因此，课程体系必然要支撑毕业要求。

最后，课程目标支撑毕业要求。课程目标反映了课程对学生能力培养的要求，进而支撑毕业要求的实现和培养目标的实现。从教育者视角来看，是从培养目标到毕业要求，再到课程体系设计，最后到课程目标这样一种由宏观到中观再到微观的视角；从学习者角度来看，学生首先学到的是课程，不同的课程结合起来构成了课程体系，完成全部课程体系规定课程学习并达到课程目标要求就达到了毕业要求，从而也实现了培养目标的要求，这样两种不同顺序的视角反映出人才培养宏观、中观、微观目标间的关系。

(四) OBE模式的三个机制

1. 培养目标的评价机制

OBE理念要求评价毕业生达到既定质量标准要求，是一种以培养目标和毕业要求为导向的合格性评价。学校要建立培养目标的评价机制，以毕业生应达到的各项毕业要求为目标，采用定性与定量的分析方法，通过用人单位对毕业生以及毕业生对自身的评价，综合评价结果，定期评价毕业生培养目标达成度。

培养目标达成度评价机制的建构是一套由内而外的评价系统，由课程目标达成度到毕业要求达成度，再到培养目标达成度的评价，基于各层的评价结果实施持续改进，主要包括校内评价和校外评价两大部分。校内评价主要考查学生毕业能力的达成情况，通过各项教学与实践环节，在毕业时是否具备了所要求的知识、能力及素质。因此，校内评价指标主要包括针对在校生的教学环节考核、毕业要求达成度评价、学生综合素质测评、应届生反馈调查等，评价学生毕业及就业情况是否支持培养目标的达成。校外评价旨在评价毕业生毕业后 5 年左右专业或职业成就与培养目标的要求是否吻合，校外评价指标主要包括毕业生职业和专业成就调查反馈、用人单位对本专业毕业生的满意度等。

定期评价培养目标的合理性并根据评价结果对培养目标进行修订，应用型高校在评价与修订培养目标过程中特别强调要有行业、企业专家参与，要将学校定位、社会服务面向、社会经济发展需求、自身发展阶段与历史、学校发展战略目标等纳入合理性评价。

2. 毕业要求的评价机制

毕业要求达成度评价首先要确立毕业要求指标点。应用型高校应根据自身特点，对各项毕业要求进行指标点的分解，在分解指标点时遵循关联性和准确性原则。其次，毕业要求指标点决定了课程体系的构建，课程体系需要支撑毕业要求的各个指标点。最后，要明确课程对毕业要求指标点的支撑情况，并结合课程性质、类型、能力培养、学分等属性定量给出课程对指标点的支撑权重系数，完成课程体系对毕业要求指标点的支撑权重系数矩阵。

毕业要求达成度评价是 OBE 模式的核心环节，应明确培养目标与毕业要求之间的具体关系，建立完善的毕业要求达成体系，确立合理的毕业要求达成度评价方法，并进行全面评价。通过评价发现问题，参考评价结果进行改进，从而实现持续改进的内外循环。在评价过程中，可以采用多种方法互为补充，达到客观、准确评价的目的。

3. 课程体系的评价机制

课程体系的设计要能支持毕业要求的达成，设计过程要有企业家或行业专家参与。在课程体系设计过程中要设计达成矩阵图、课程体系拓扑图。对课程有效性进行评价时要注重教学目标与达成矩阵的吻合度，教学目标要体现课程目标、内容，并且单门课程不宜承担过多的任务，以保证课程的难度、复杂度、挑战度，并对完成质量进行评价。课程体系评价要与教学大纲、教学内容、教学形式相联系，避免单一的理论课程评价，特别是对应用型高校来说，实践类课程的评价占有重要地位。

第二节　实践教学与育人观念

一、实践教学要素与建构原则

实践教学是应用型人才培养的重要组成部分，与理论教学不同，实践教学目标既有帮助学生理解、掌握理论知识的成分，又有训练学生应用能力的要求，因此，实践教学的内容、环节、体系、实施、评价过程对应用型人才培养质量起着重要的作用。实践教学质量的高低直接影响应用型人才培养质量，也是区别应用型人才培养与研究型人才培养的关键。

（一）实践教学体系建构要素

应用型高等学校要建构实践教学体系，应先明确实践教学体系建构的诸要素，只有把要素有机组织起来，才能建构合理、科学、有效的实践教学体系。

1. 实践教学目标

目标是方向，是引领。实践教学的目标是引领整个实践教学工作和人才培养工作的方向。当前，实践教学的目标就是在实践中为党育人、为国育才。

高等学校实践教学的目标要坚持在实践教学中立德树人。从企业对人才需求看，企业对毕业生的要求是把吃苦耐劳、敬业奉献、稳定发展、职业规划、沟通协作、创新创造放在重要地位，而这些素质与能力需要在实践教学过程中去塑造、历练、培育、发展。

在进行实践教学体系设计时，要坚持"大实践"观，既要注重传统的实践教学环节的设计，也要注重新时代对实践育人的新要求，特别是将立德树人的要求纳入实践教育目标中，通过实践教学环节设计体现立德树人的目标与方向。具体来说就是要坚持做到以下几个方面。一是在实践教学中培育理想信念，教育引导青年学生坚定理想信念。二是在实践教学中实现价值养成。价值养成是引领青年学生人生航向的"定盘星"，要坚持引导学生勤学、修德、明辨、笃实。三是通过实践教学中的勤学苦练来掌握真才实学。对学生开展知识、技能教育，就是要引导学生静心学习、刻苦钻研、加强磨炼，求得真学问、练就真本领。四是在实践教学中磨炼意志品质。在实践教学中培养学生的意志品质，帮助学生锤炼坚强的进取精神，历练不怕失败的心理素质，保持乐观向上的人生态度，百折不挠、愈挫愈勇。五是在实践教学中训练创新创造。高校是培养创新人才的重要阵地。实践教学环节是培养学生创新能力的平台和抓手，通过实践教学活动营造尊重创新、注重创新的良好氛围，激发学生的创新欲望，培养学生的创新意识。六是抓好社会实践的过程与质量。社会实践是青年学生练就过硬本领的"大熔炉"。七是在实践中培养学生的责任担当。对学生开展使命意识和责任意识教育，引导学生牢固树立对人民的感情，树立家国情怀，树立对社会的责任，树立对国家的忠诚。

2. 实践教学对象

教学一定要明确教学对象的特点，有针对性地开展教学才能收到教学成效。针对学生的心理特点、成长环境、交流手段、社会要求、行为方式、语言体系、思维特点的变化。教学手段、方法也应该因时因事因人而变，实践教学的模式、体系、内容、方法也要变化。例如，现在可以通过计算机仿真模拟实验、3D仿真模拟实验、大数据模拟实验来呈现，人工智能技术、物联网技术广泛进入实验教学环节，这些都与企业需求相适应，与学科发展相适应，与学生特点相适应。

3. 双师型教师

教师与学生同为实践教学的主体，教师在实践教学中起着主导作用。教师根据实践教学大纲创新实践教学方法与手段，编制实践教学内容，完成实践教学评价，达成实践教学目标。教师在实践教学中的地位重要，但也是实践教学中的薄弱环节，要发挥教师在实践教学中的主导作用，就需要做到以下几个方面。一是加强"双师型"实践教学师资队伍建设。实践课程教师既可来自理论课程教师，也可引进企业、社会专家。理论课程教师承担实践教学任务是对理论教学过程的有益补充，是提高理论课程教师实践教学能力的重要途径，是加强师生联系、密切师生关系的重要手段。实践课程教学是"师徒制"教学，一般情况下师生关系更密切、融洽，师生双向沟通与交流更频繁，师生交流不仅体现在知识与技能的传递上，还体现在情感的沟通与交流上，这是展现教师知识技能、人格魅力的很好平台，更是培养学生处理人际关系能力、沟通交流能力的机会。实践课程教师要善于观察学生学习状况、情感体验和沟通方式，处理学生学习困难和焦虑，对学生进行个性化的指导，为学生创造良好的学习环境。二是通过政策引导，鼓励教师承担实践教学任务，提高实践教学质量。学校要在课酬分配、职称评定、项目立项、评优评先、学习交流上给予实践课程教师更多关怀，鼓励教师提高实践教学能力和水平。三是改革教师评价机制。实践教学特点与理论教学不同，实践教学更多的是"师徒制"教学，教师花费的时间、精力更多，指导难度更大，而且教学内容更新速度更快，需要教师付出更多的精力学习、更新教学内容，有的甚至还要做好学生的思想教育工作。从评价机制来看，应该更突出教师指导学生的工作量、工作成效、实践教材的编写等。

4. 实践教学课程

实践类课程具有多样性，从课程性质上分有必修、选修课程；从课程形式上分有课内实验和独立设课实验；从实践课教学形式上划分有实验课、上机课、毕业设计、实习、创新创业、军训等。各类实践课程间的关系、目标与内容要相互衔接，学时学分安排应合理，开课时间与理论课程相互支撑，以达到最好的实践教学效果。实践课程也要与理论课程一样设计课程目标，对培养目标、毕业要求形成支撑，还要与理论教学目标形成呼应。无论什么样的实践课程，只有真正做到学以致用，才能达到教学目的。根据国家标准，工科类专业的实践课程学分要达到总学分的20%以上，文科类专业的实践课程学分要达到总学分的15%以上。这是一个基本要求，应用型高校的实践课程学分占总学分的比例还要高于这个标准，同时，要将理论课程内的上机、实验学分剔除，只包括独立设课的实践课程（含毕业设计、实习等环节）学分。

5. 实践教学教材

实践教学教材的选用是保障实践课程教学质量的基础，教师要根据实践项目开发、更新实践课程教材，及时将企业技术、管理、服务标准或内容纳入实践课程教材中。因此，实践课程教材更适用于以实践指导书的形式出现。如果是正式出版教材，也要编写成工作手册式教材或活页式教材，以便进行更新和调整。

6. 建设实践教学基地

实践教学基地是做好实践教学的保障。应用型高校要高度重视实践教学基地建设，特别是与校外企业、社区、机构等合作建设实践教学基地。校外实践基地建设对高校人才培养来说有以下几个方面的作用。

一是引进外部资源以弥补高校实践教学资源的不足。企业拥有较好的技术、设备、管理、服务和项目，这些资源是高校不具备的。充分有效引入这些资源，可以极大地提高实践教学质量。教师到企业指导学生实践，使教师可以学习、掌握企业最新的技术、设备和管理方式，可以密切教学与实践的关系，提高教师的实践教学能力与水平；学生到企业参与实践学习，可以提高学生的专业认识、职业认识能力，使学生明确自己的学习目标和努力方向。

二是校企合作建设实践教学基地可以开辟一个让社会了解高校的窗口，提高高校的知名度，展现高校培养学生的水平与能力。

三是提高学生的就业竞争力。在学生就业过程中，很多用人单位都需要看学生在校期间参与企业、社区、公益等实践项目的种类、时间和内容，如果学生在校期间有较为丰富的实践学习经历，无疑会提高学生学以致用的能力，更容易得到用人单位的认可，获得更多的就业机会。

四是可以促进教学内容的更新与持续改进。教师的教学内容要持续更新，要与企业的实际应用相结合。对于应用型高校来说，教师不能只懂原理，更要懂应用，才能把学生培养为应用能力强的学生。教师在课堂上教授PC端互联网时，企业、社会已经进入移动互联时代了，虽然原理是相通的，但是应用的场景、范围、对象已经发生了很大变化。因此，教师与企业的交流与互动，将企业、行业的技术、设备、管理和服务引入教材与课堂，是提高实践教学质量与水平的关键。

五是发掘科研方向，凝练科学问题，开展科学研究。教师的科研方向与教师的学习方向高度相关，但是，教师科研要适应社会发展，科研方向也要适应国家、社会需求，教师要找到与自己相关的科研方向、科研领域和科研课题，与企业开展合作研究是很好的路径之一。做研究需要有"源"，这个"源"就是实践中的问题，能够找到科学的问题就找到了科研的目标和方向，科学的问题来自实践。在校企合作中发掘研究问题、解决企业实际问题是高校存在的理由之一。

（三）理论与实践相融合的教学体系设计

高校非常重视理论教学体系的建构，特别是学科导向的理论教学体系建构具有悠久的历史，也具有丰富的经验，取得了丰硕的成果，实践中产生了很多很好的案例。学科导向的教学体系设计是高校最为熟悉、使用最为成熟、最得心应手的设计，教师熟悉，高校管理者熟悉，学生熟悉，绝大部分高校都采用了这种设计理念，只是在名称上有所区别，实质上基本相同。

在人才培养中，高校既面临课程体系的共性与特性问题，也面临每个受教育者的共性与特性问题。正是由于学生是个性化的，因此，高校教育教学体系也应该是个性化的，通过个性化的教育教学体系培养个性化的学生。因此，在进行教学体系设计时，教师要融合理论教学体系与实践教学体系，通过学科逻辑、应用逻辑设计的理论、实践教学体系融为一体，相互促进、相得益彰。例如，课程设计、毕业设计都是实践教学体系的重要组成部分，但是两种设计都要以学科、专业知识为前提，它们的设计内容或项目可以是特性化的，也就是用共性的学科专业知识完成特性化的设计内容或项目，从而实现学生的个性化培养。

理论与实践教学体系的融合要做到起"化学反应"，而要起"化学反应"，就要实现理论、实践教学要素间的融合或置换，形成新的物质，出现新的特性，产生新的功能。高校目前已经开始进行探索，将教师的单一理论讲授与学生的自学研讨、教师的重难点辅导相结合；将教室内学习与"互联网＋"学习相融合，实现泛在性的学习，拓展学习的时间与空间；将学生单一的听课式学习与合作性学习、讨论式学习相融合；课程评价由单一的考试评价转变为形成性评价，等等。同样，在实践教学中也带入理论教学元素，学生通过实践教学项目的完成，不仅要知道是什么，更要解释为什么。学生的实习报告、总结、论文等要有理论深度，要体现通过现象看到本质的能力和水平，这种融合才是真正的融合。

（四）实践教学体系设计原则

1. 柔性原则

实践教学体系遵循的是应用性逻辑设计。社会、企业、行业的应用需求是发展变化的，学生自身的发展目标也是发展变化的，因此，要增加实践教学体系设计的柔性，不断适应这种变化。一个具有柔性的实践教学体系应该既可以用来培养研究型人才，也能够培养应用型人才，还能够培养技术技能型人才。具有柔性的实践教学体系经常检视目标与手段之间的匹配性，还不断调整、适应手段对目标的支撑，从而实现动态的自适应调整过程。

2. 个性化原则

实践教学要体现以学生为中心的教育理念，根据学生发展需求，围绕学生能力素养提升、知识结构完善开展实践教学活动。以提高学生的沟通交流、合作协作、解决问题等能力为目标，提高学生的综合能力。要实现以学生为中心的教育理念，客观上要求实践教学是个性化的，通过实践项目、任务、训练的个性化培养，使学生在实践中成长、成熟和发展。

3. 系统性原则

系统性是指将各类实践教学要素通过一定的方式、程序组织成可控制的过程。系统性要体现出各要素之间的协同、均衡，从而实现更高的效能。当前，各高校在进行实践教学体系设计时更多体现在硬件系统的完善上，特别是加强设施设备建设、平台建设投入，各种模拟仿真、实训平台、VR仿真、机器人、无人机、大数据等时尚设备。

4. 开放性原则

首先要增强实践教学内容的开放性，各种实践项目要具有广泛性、丰富性、多样性，根据培养需要吐故纳新，适时调整实践内容；其次要促进实践教学场所的开放。在总体培养方案的指导下，学生既可在课内完成实践，也可在课外完成实践。实践时间、场地、内容及对学生的管理应具有开放性，学生可充分利用资源，发挥自己的优势，提高实践技能和职业素养。最后是推动评价的开放。实践教学的成效不仅要有教师参与，更要有学生、项目负责人或企业专家参与，评价的开放使对学生实践能力的评价更加多元化，更有利于形成性评价的使用。

5. 特色性原则

各个学科专业要在通用实践教学项目的基础上设置反映学科专业特

色的实践教学项目,要充分反映相关专业领域的岗位能力和专业技能的要求,与行业技术领域的岗位发展紧密相关,做到体系内的实践教学环节层次分明、分工明确,避免出现实践教学内容交叉重叠或断层现象。

二、牢固树立实践育人观

教育者要研究教育对象的学习过程、心理特点和行为特征等。学习是指人与动物在生活过程中凭借经验产生的行为或行为潜能的相对持久的变化。人的学习是在社会实践中,以语言为中介,自觉地、积极主动地掌握社会和个体经验的过程。

不同的知识可以划分为不同的类型。从获得知识的方式看,知识可分为直接知识与间接知识,直接知识来自个体的亲身体验,间接知识来自书本。从学科领域看,知识可分为感性知识与理性知识,感性知识是对事物的表面特征和外在联系的反映,理性知识是对事物的本质特征与内在联系的反映。从知识与言语的关系看,知识可分为显性知识与隐性知识,显性知识是语言能解释清楚的知识,隐性知识是语言不能充分表达的知识。从知识的状态的表现方式看,知识可以分为陈述性知识和程序性知识,陈述性知识是关于"是什么"的知识,程序性知识是关于"怎么做"的知识。

实践教学是高校教学不可分割的一部分,实践是培育品德、掌握知识、担负责任、提升境界、完善自我的舞台,实践育人是对"培养什么样的人,怎样培养人"的有力回应,高校教学育人就应该牢固树立实践育人的观念,在实践中不断发展、完善实践育人观念。

(一)在实践中立德树人

实践教学要把校园小课堂与社会大课堂、理论教学与实践教学、个人小目标与国家大目标结合起来,引导高校学生走出校门、接触社会、了解国情,学以致用、以用促学,实现知、情、意、行有机统一。要在实践中磨砺意志品质,要发挥实践教学磨砺意志、淬炼品质的作用,扎实开展军事理论与训练、劳动锻炼、创新创业等实践教学,加强人文关怀和心理疏导，培养高校学生的耐挫能力和坚强意志，形成自尊自信、理性平和、积极向上的健康心态。针对一些高校学生存在的动手能力弱、社会经验不足问题，实践教学要整合实践资源、拓展实践平台、丰富实践内容、创新实践形式，广泛开展社会调查、生产劳动、志愿服务、科技发明等实践教育教学，引导高校学生在参与实践活动中增长学识才干、施展个人才华。

（二）在实践中认识和改造世界

世界的物质性决定了它不以人的意志而转移和改变。人们要改造世界，首先必须认识世界。而要认识世界，就必须通过实践去实现。人类的知识总是围绕着实践而产生。实践出真知，实践是检验真理的唯一标准等，就是强调要在实践中认识和改造世界。学习的目的是实践，通过学习理论或知识并将其应用于实践才能改造世界。认识论认为，从实践中来，到实践中去，认识的两次飞跃都说明了实践的重要性。从感性认识而能动地发展到理性认识，又从理性认识而能动地指导实践，改造主观世界和客观世界。

实践、认识、再实践、再认识，这种形式循环往复以至无穷，而实践和认识之每一循环的内容都比较地进到了高一级的程度，这就是辩证唯物论的全部认识论，这就是辩证唯物论的知行统一观，也是正确的实践观。

（三）在实践中提升修养

高校生提高修养要读书，更要实践。古往今来，每一个有所成就的人无不是在实践中修炼品德、提升素养，才能做到知行合一。修养需要在实践中养成，在人与人的交往中养成，在实现自身的目标中养成。

（四）在实践中形成人才观

正确的人才观来自实践，社会需求的人才是多样的、多类的，在实践中培养人才是遵循人才培养客观规律的要求。在实践中培养知行合一的精神；培养尊重劳动的观念，培养艰苦奋斗的作风，培养砥砺前行的意志，培养不畏挫折的韧劲，这些品质都是新时代高等教育人才培养要追求的，也是新时代高校学生必须具备的。

第三节 应用型人才培养的设计

一、基本依据

（一）基于自我设计的自我开发是教育的本质特征

高等教育的目的不仅是要开发学生的各种潜能，使学生具备一定的能力，同时还必须使学生学会如何有效地进行自我开发。因此，高等教育不仅要教会学生如何有效地进行自我开发，还必须努力培养学生进行自我开发的意识，并使之养成不断进行自我开发的习惯。要培养学生进行自我开发的意识、能力与习惯，必须对学生进行长期的自我开发训练，最好是将专业教育体系、教学模式按照自我开发教育的要求进行重新设计，将自我开发教育贯穿到整个高等教育之中。

要使学生真正成为自觉的自我开发者，除了必须培养学生进行自我开发的意识、能力与习惯之外，还必须培养学生进行自我设计的意识、能力与习惯，必须使学生自觉地将今天的学习与未来的需要紧密地联系起来，必须使学生将高校学习与整个人生联系起来，并从这种自觉的联系中找到进行自我开发的目标，赋予自我开发活动以意义，进而转化为进行自我开发的内在动力。由此可见，自我开发虽然可以在教师的要求、引导与帮助下进行，但真正的自我开发是以自我设计为基础的。培养学生进行自我设计的意识、能力与习惯，不仅是自我开发的应有之义，而且还更加重要。而高校本来是应当让每一位跨进高校之门的人都成为这样的自我设计者和开发者的，本来是应当使每一位跨进高校之门的人都成为积极的、通过不断的自我开发、自我完善促进整个社会不断进步与完善的自觉者。

（二）高等教育的自主性特征要求学生进行自我设计与开发

无论从高等教育的实际状况，还是从高等教育在人才培养中独特的地位和社会的要求来看，高等教育都应当具有较强的自主性特征。一方面，高等教育模式要求学生具有一定的自主性，要求学生成为整个教育的积极参与者，在一定程度上对自己高校阶段的学习与生活进行自我设计，在一定程度上使高校成为自我教育、自我开发的过程；另一方面，应当把培养学生的自主性作为教育的主要内容，贯穿到教育的全过程，使学生通过高校的学习，不仅成为具有一定职业能力的专业人才，更重要的是要最终成为一个完全自主的人，成为能够对自己的未来负责任的自立自强的人，能够独立自主地开拓自己的事业、创造幸福美满人生的人。

与中小学教育不同，高等教育具有教育内容广泛，教育形式多样，课程门类众多，每一门课程课时数相对较少等特点，从而对学生的自主性提出了较高的要求。这一特征至少表现在以下几个方面：

（1）在课程的设置上，高校课程有必修与选修之分，选修课程要求学生根据自己未来发展的需要及个人兴趣爱好，自主进行选择。

（2）在课程教学上，教师以引导为主，需要学生课后通过大量阅读、思考，自行去掌握学习内容。

（3）在学习时间的安排上，课堂教学时间大大缩短，为学生留下了大量的课外时间，尤其是在三四年级进入专业课以后，更是为学生预留了将近一半的时间用于课外学习，目的就是让学生能有更多的精力进行自主性的个性化学习，一方面消化课堂学习的内容；另一方面用以拓展知识面，培养多方面的兴趣。

（4）除课堂学习与课外阅读之外，高等教育还有一个非常重要的方面，那就是各种各样的学术讲座。这是学生开阔眼界、了解学术前沿、把握时代脉搏、培养思维能力和学术研究兴趣的有效途径，也为学生摆脱专业、教材等的局限提供了机会。这是比选修课更加自由的教育形式，完全由学生自由选择。

（5）高校还鼓励学生根据自己的兴趣爱好与发展需要，参加各种各样的社会实践活动，以培养和发展多种兴趣爱好，增强社会适应能力、人际交往能力、组织能力等。

（6）每一个高校生都必须为自己毕业以后究竟干什么做出选择，并以此对自己的高校学习与生活进行设计，做出合理的安排。例如，每一个高校生都必须在考研与直接就业之间做出选择。如果选择毕业后直接就业，还需要选择从事什么工作，是否需要读第二学位，是否需要考相应的资格证书等。

上述六个方面既体现了高等教育对学生自主性的要求，同时也是高等教育培养学生自主性的基本方式和途径。不管学生是否自觉地意识到了这一点，也不管学校和教师在实施教育的过程中，是否在自觉地实施自主性教育，这六个方面都已成为高等教育的基本特征，普遍地存在于每一所高校的教育之中。这充分说明，自主性教育是高等教育的必然要求，反映了高等教育的客观规律，不以人的意志为转移。不管愿意不愿意、自觉不自觉，都必须实施某种程度的自主性教育。因为这既是由人才培养的规律决定的，也是由高校在人才培养中所处的独特地位决定的，是由社会对人才的需要决定的。

（三）培养学生的自主性是高等教育的必然要求

高等教育在人才培养中的独特性在于，高校在学生的人生道路上，处于学校与社会之间，是学生走向社会的最后一个环节。经过高校培养的学生，必须成为一个独立自主的人，必须摆脱对家长、对教师的依赖而自立自强，这是学生、家长、社会对高等教育最起码的要求。因为不管在实际的教育实践中，学生自主性的培养在多大程度上得到了体现，当学生毕业走出校门以后，他/她必须独自面对社会，独自走上职业发展的道路，独自开创未来的事业与人生。可以说，走出校门就是走向独立自主。一个合格的高校毕业生必定具备独立自主的能力，必定已经基本完成个人主体性的确立，已经具备一定的自主性。因此，高等教育必须包含对学生自主性的培育。

从人才培养的规律来看，成人是成才的前提。而成人就是成为他/她自己，就是成为一个能够自立于社会的独立自主的人，成为一个具有一定的社会责任意识、责任能力和行为能力的社会行为主体，这是教育的基本目的。人才培养必须建立在这一基础之上，必须包含"成人"教育，必须把"成人"教育与"成才"教育有机结合起来。创新型人才尤其是原创型人才，必须具有高度的自主性，必须具有高度的自主探究意识、自主探究能力和自主探究习惯。这种自主探究的意识、能力与习惯需要悉心培养，并经过长期的实践逐渐养成的。培养千千万万具有高度的自主探究意识、能力与习惯的创新型人才，既是社会的需要，也是高校在建设创新型国家中肩负的历史使命。高校要能在建设创新型国家的伟大事业中发挥其应有的作用，培养大批具有创新意识、创新精神和创新能力的优秀人才，就必须把培养学生的自主性放在十分重要的地位，必须自觉地实施积极的自主性教育。

一个全面发展的、自我完善的人，必定是具有自我设计与开发的意识、能力与习惯的人，并且这种积极的自我设计与开发行为必定会贯穿其全部人生，贯穿其人生的各个方面，包括学习、工作、事业、生活、婚姻、家庭、朋友，等等。其人生的每一个方面，都将纳入其自我设计的范围，都会成为其进行自我开发的出发点，给予其进行自我开发的内在动力。培养这种具有自我设计与开发的意识、能力与习惯的、自我完善的人，理应成为高等教育的目标，也正是"自我设计与开发"课程所努力追求的目标。

二、改革创新人才培养模式必须突出学生的自我设计与开发

高等教育的自主性特征要求进入高校的学生必须具备一定的自主性，具备一定的自我设计与开发意识与能力；必须能够将高校的学习、生活与自己未来的工作、事业、人生联系起来，能够基于自己未来的发展对高校的学习与生活进行一定的规划设计，对自己的学习与生活做出

合理的安排。同时，也必须具备一定的自学能力，基本掌握进行自我学习的方法。

三、基于自我设计与开发的高素质应用型人才培养模式的内涵与特征

（一）基本内涵

基于上述认识，高校提出创建基于自我设计与开发的高素质应用型人才培养模式的改革创新思路。从前面的分析中可以看出，这种模式的提出既是基于我国高校培养对象的特殊状况，它首先是以培养高素质应用型人才为目标，能够满足培养社会需要的高素质应用型人才的需要。而在人才培养过程中，它不仅强调学生自我设计与开发的意识、能力与习惯的培养，而且力图将整个人才培养过程转变为学生基于自我设计的自我开发过程——无论是知识的获取、能力的开发，还是素质的培育与行为的养成，都建立在学生自我设计的基础之上，都主要是学生的自我开发活动，以尽可能地实现高校学习生活化。

概而言之，基于自我设计与开发的高素质应用型人才培养模式也就是以社会需求为导向，在专业人才培养目标和方案指引下，将学生个性化的自我设计与专业人才共性化素质的培养紧密结合，以学生为主体、教师为指导的自我开发模式。

在培养目标形成模式上，应当充分体现社会需求导向，必须由过去分析式的基于学科知识体系的专业人才理想素质结构设计模式，转变为归纳式的基于广泛调查的社会需求综合设计模式，从而实现人才培养模式由学校培养推动向社会需求拉动的转变。

在培养过程组织模式上，必须将基于培养方案，以教师为主导的知识传授过程，与基于学生自我设计，以学生为主体的自我开发过程紧密结合起来，更加突出对培养过程的管理，为学生进行自我设计与开发提供必要的技术支持和指导，因而必须转变为双轨多向性的精细化组织模式。

在教师教学模式上，必须将教师的角色拓展为课程教学任务承担者和学生自我设计与开发的指导者；将教师变成教练和导师，要由过去主要是传授知识，转变为主要是指导学生进行自我设计和自我开发。不仅在素质培育和行为养成上，而且在知识传授和能力开发上，都应当由过去的"教授"转变为"教学"。教学生进行自主探究性学习，也就是要将教师的教学活动变成对学生修身与求知活动的指导。

（二）主要特征

基于自我设计与开发的高素质应用型人才培养模式与现行人才培养模式的本质区别在于，这种模式不仅注重培养学生一般意义上的素质与能力，将学生培养成具有较高的身体素质、心理素质、专业素质和道德、人文、科学与信息素质以及社会素质，特别是具有从事实际工作的专业素质，能够胜任企事业单位、政府部门管理与技术岗位工作的专业人才，而且自始至终都注重培养学生自我设计与自我开发的意识、能力和习惯，以将学生培养成为具有自我设计、自我开发和自我完善的意识、能力和习惯的人为出发点和归宿点。具体有以下几个显著特征。

1. 外在的社会需求与学生内在的个性化发展需求紧密结合

通过以社会需求为导向，基于专业培养目标与方案的共性培养，使学生能够适应社会需要，成为具有竞争力的高素质专业人才；通过以学生个性化需求为导向，基于自我设计的自我开发，使学生能够根据兴趣爱好充分发展个人优势潜能，有效弥补自身不足，真正做到"长善救失"，更好地满足个人事业与人生发展的需要。

2. "成才"与"成人"有机结合

这种模式不同于传统的以专业教学计划为主体的人才培养模式之处就在于把学生的自我发展与完善作为人才培养的根本目的，将素质培育模式和行为养成模式与知识传授/获取模式和能力开发模式并列。不仅在教学内容与课程体系中，大大拓展了素质教育的内容，而且将学生素质的培育和行为的养成提升到了前所未有的高度，作为教师教学和学生学习的重要内容，从而实现了"成才"与"成人"的有机结合。

3. 学生主体性与学校/教师主导作用有机结合

基于自我设计与开发的高素质应用型人才培养模式通过建立以培养方案实施机制和学生自我设计与开发机制并行的双轨制过程组织模式，将学生四年高校生活的所有方面（包括以基于培养方案的课程学习）都纳入自我设计与开发的范畴，将整个人才培养过程建立在学生的自我设计之上，将整个人才培养过程变成了在培养方案指引下和教师指导下学生基于自我设计的自我开发过程，既突出了学生的主体地位，又充分发挥了学校/教师的主导作用。

4. 具有需求拉动性

通过培养目标形成模式的转变和培养过程组织中自我设计与开发机制的建立，不仅将人才培养建立在对社会需求的认识和把握之上，而且建立在学生个性化发展需求之上，真正做到了以社会需求和学生个人发展需求为导向，从而实现了人才培养从学校培养推动向社会需求与学生个人发展需求拉动的转变，人才培养的应用性特征也就更加明显。如果说传统人才培养模式是培养推动式的，那基于自我设计与开发的高素质应用型人才培养模式则是需求拉动式的。

5. 具有开放性

一方面，通过培养目标形成模式的转变将人才培养与社会需求紧密联系起来，不仅使人才培养真正做到了以社会需求为导向，而且在一定程度上实现了向社会的开放。另一方面，在传统的以专业教学计划为主体的人才培养模式下，知识传授/获取和能力开发与学生素质培育和行为养成也是分离的，前者属于所谓的"第一课堂"，后者则属于"第二课堂"。基于自我设计与开发的高素质应用型人才培养模式则通过建立自我设计与开发机制，使两者相互渗透，实现了两个课堂的相互开放。

6. 具有教育生态适应性

我国高等学校人才培养的基本生态从宏观层面来看，具有以下三个特征：一是我国高等教育管理体制正处于转型之中，高校办学自主权虽然还远没有落实，但面向市场的格局正在形成；二是我国高等教育分层发展的格局基本形成，从而决定了各高校的人才培养定位；三是各高校之间人才培养的竞争机制虽然尚未形成，但随着高中毕业生的逐年减少，高校之间的竞争将逐渐加剧。这决定了高校人才培养模式必须从传统的学校培养推动型向社会需求拉动型转变，所培养的人才必须更加富有特色，在人才市场上更加具有竞争力。这种人才培养模式正是为了在这样的人才培养生态下，培养适应社会需求且具有较强的自我发展能力的高素质应用型人才。从前面的分析中不难看出，它不仅与人才培养的宏观生态相适应而且在微观层面更具有很强的针对性，能够很好地满足现有微观生态条件下高素质应用型人才培养的需要。

四、人才培养模式创建思路

创建基于自我设计与开发的高素质应用型人才培养模式，需要从创新人才培养理念、创建人才培养机制、创造人才培养实施条件、创新教学内容与课程体系、创新教学模式与学习模式五个方面展开。

（一）创新人才培养理念

理念创新是一切创新的起点。创新人才培养模式必须创新人才培养理念，基于自我设计与开发的高素质应用型人才培养模式是一种全新的模式，它是基于全新的人才培养理念，在对现行人才培养模式进行改革，经过多年实践探索的基础上提出来的。要创建这一全新的人才培养模式，必须树立全新的人才培养理念，具体包括四个方面：一是创新高等教育理念，对高等教育的性质、目的特别是新形势下改革目标与任务要有新的认识；二是创新人才理念，对人才的内涵及其素质构成要有新的认识；三是创新人才培养理念，对人才培养的内涵与外延要有新的认识；四是创新教师教育教学理念，对教师在人才培养中的地位与作用、教师的角色等都要有新的认识；五是要创新学生的学习理念，对学生在人才培养中的地位与作用、教师的角色等都要有新的认识。

(二)创建人才培养机制

人才培养机制是培养模式的重要组成部分。任何一种培养模式都需要通过一系列运行机制才能够有效实施。创建基于自我设计与开发的高素质应用型人才培养模式所要求的实施机制应包括六个方面：一是人才培养目标形成机制，以确保培养方案的制定能够将社会需要和个人发展需要紧密结合起来；二是人才培养方案实施机制，以确保培养方案实施过程能够严格按照设计目标进行；三是素质培育机制，以确保素质培育能够有效实施；四是应用能力开发机制，以确保学生各项应用能力的开发能够有效实施；五是辅导员参与教学工作机制，以实现第一课堂与第二课堂的有机结合；六是学生参与教学工作机制，以充分发挥学生在人才培养中的主体作用。

(三)创造人才培养模式实施条件

任何一种人才培养模式都需要一定的实施条件。基于自我设计与开发的高素质应用型人才培养模式对实施条件的要求则更高，除了必须具备现行人才培养模式所要求的各种条件之外，还需要一系列对学生进行自我设计与开发提供支持和指导的软硬件条件，需要有能够为学生进行自我设计与开发提供指导的师资队伍。概括起来，所需条件包括硬件和软件两个方面：硬件方面主要是实验与实习条件和学生进行自我设计与开发提供支持的技术条件，包括素质测评系统、跟踪评价系统、自我开发的文献支持系统、网络测试系统包括课程自主学习的自我测验系统等；软件方面包括师资队伍、有关的组织管理制度特别是考核评价制度等。这些条件大多数都需要在创新的基础上进行开发建设，特别是围绕学生进行自我设计与开发所需要的支持性条件，是现行人才培养模式所不需要的，没有现成的样品可供引用，必须进行自主开发。

(四)创新教学内容与课程体系

基于自我设计与开发的高素质应用型人才培养模式要强调对学生职业发展、人生幸福和适应社会发展需要的可持续发展能力的培养，特别是学生进行自我设计与开发的意识、能力与习惯的培养。教学内容与课程体系的改革设计，重点要解决高等教育中普遍存在的学生忽视自主学习意识、综合创新能力不足等问题。教学内容与课程体系具体改革设计如下：

①进一步完善和调整综合素质、自我设计与开发、专业三大课程模块。

②在中外文化经典导修中增加经典课程内容，尤其是学生自修的经典课程，实现以"导"为主向以"修"为主的转变。

③在自我开发与设计中增设创业教育、创新教育方面的课程内容，实现强调开发与设计内容向突出方法与内容并重的转变。

④专业课程中增开与学生能力培养紧密相连的课程，尤其是调整与完善双语教学课程。

⑤完善自主探究性学习能力的课程，进一步深化"认识体验实习＋专业实习＋毕业实习"模式改革，继续强化实验室、以各种社团活动、论坛等为载体的课外实践训练体系的建设和以实习基地为主的校外实践性教学体系建设。

（五）创新教学模式与学习模式

高校的人才培养模式包括教师教学模式和学生学习模式两个相辅相成的方面，各自都包括知识传授/获取、能力开发、素质培育和行为养成四个既紧密联系又各有其特殊性的方面。基于自我设计与开发的高素质应用型人才培养模式不仅要求教师改革创新教学模式，也要求学生创新学习模式。在教师教学模式上，必须将教师的角色拓展为课程教学任务承担者和学生自我设计与开发的指导者，将教师变成教练和导师，转变为主要是指导学生进行自我设计和自我开发，不仅在素质培育和行为养成上，而且在知识传授和能力开发上，都应当由过去的"教授"转变为"教学"——教学生进行自主探究性学习，也就是要将教师的教学活动变成对学生修身与求知活动的指导。在学生学习模式上，要突出学生个人需求导向，体现学生的个性化特征，因而必须将学生由过去的被设计、被开发者,转变为基于自我设计的自我开发者,变被动接受知识为通过自主探究性学习获取知识,变被动接受潜能开发为有指导的自我开发,变素质的被动培育为有意识的自我培育,变行为习惯的自然形成为积极的自我养成,也就是要将学生的学习由接受教育变成对人格的自我完善和对知识的自主探索,变"外求"为"内求",变"接受"为"自得"。

五、应用型人才培养的总体设计

为了做好应用型人才培养体系设计,必须结合学校的实际情况、发展定位、培养目标来进行,在进行应用型人才培养体系设计时,一定要牢牢坚持"应用型"的特点,防止设计成"研究型""技术技能型"人才培养。事实上,研究型、应用型、技术技能型共处于一个连续统一体之中,彼此之间既有区别,又有联系,只是程度上的差异。研究型中也可以包括应用型、技术技能型的要素,同样,技术技能型中也可以包括研究型和应用型的要素。因此,在进行应用型人才培养体系设计过程中,既要反映应用型的特点,也要兼顾研究型、技术技能型的要素,使整个体系设计更符合学生发展、企业用人、学科逻辑等方面的要求。

(一)设计总体思路

1. 体现"以学生为中心"

在应用型人才培养体系设计过程中,坚持"以学生为中心"的个性化人才培养要求。根据建构主义学习理论,以学生为中心的教学方法,目的是帮助学生进一步深化他们的知识观念或已有的观念。为了改变已有的观念,学生需要自己建构他们的知识结构,为此学生必须积极参与课堂教学。教师习惯使用的传授范式的教学也称为"三中心"即"以教材为中心,教师为中心,教室为中心"模式,这种教学模式历史悠久,影响力大,但并非唯一。"以学生为中心"即以学生发展为中心,以学生学习为中心,以学习效果为中心。以学生为中心的教学体系设计要以实现学生的发展为目标,通过课程结构和教学组织促进学习效果的提升。

2. 遵循 OBE 理念

坚持和体现学习结果导向的 OBE 理论进行人才培养体系设计是落实"以学生为中心"的重要体现。学生到高等学校学习是通过课程学习认识学习目标和完成学习任务，应构建基于结果导向的人才培养体系，依据学生成长与发展导向，根据利益相关者需求反向重构课程体系并确定教学内容，"反向设计、正向实施"。

3. 坚持持续质量改进原则

在教学质量管理中，持续质量改进（CQI）是指教师参与质量改进计划设计并实现持续改进流程的具有一定结构的组织过程，用以提供符合学生期望的教学质量。CQI 是在全面质量管理基础上发展起来的注重过程管理、环节质量控制的一种新的质量管理理论，是教学质量管理的重要内容。CQI 的实施步骤为：确定程序—组织 CQI 工作组—建立有效工作团队—了解程序运行情况—明确程序变化原因—确定提高质量的机制。

（二）能力导向的人才培养体系设计

在进行应用型人才培养体系设计过程中，应始终关注学生能力的培养，以能力培养为主线，贯穿人才培养全过程，组合人才培养各要素，形成相互支撑和联系的体系框架。

正如人的智能是多元的一样，学生能力也是一个多元的智能结构。应用型人才能力培养，既要关注一般的能力（如学习能力、发展能力、智力能力等），也要关注某一方面具体的能力（如沟通能力、职业能力、创业能力等）。根据 OBE 结果目标导向理念，通过"反向设计、正向实施"以学生能力培养为目标，通过应用型人才培养定位形成人才培养目标，毕业要求支撑培养目标实现，课程体系支撑毕业要求实现。

在以能力为导向的人才培养体系设计中，高校培养的人才应该具备什么样的能力这个关键问题决定了"培养什么样的人"。越来越多的国家和国际组织尝试以通用（核心或关键）能力为切入点建构高校学生能力框架。什么是能力？哈特认为，能力是促使个体在工作中有卓越表现的个人特质，其包含可见的能力如知识和技能，也包含潜隐的能力如个人特质和动机等。能力的培养贯穿个体发展始终，从出生开始，个体就在通过各种学习活动来塑造自身的能力。由于高校的有限性，在人才培养过程中通过三种能力模型来确定能力结构维度：一是胜任力模型，这一模型在人力资源管理领域应用广泛；二是专业能力模型，是在标准、资格能力层面建立通用能力模型，不同国家的劳动部门、企业等关注这一模型的应用；三是评价学生学习结果的能力模型。

对于高校而言，培养的高校学生作为"发展中的人"是进入职业领域的"预备军"，因此，不能仅仅只关注某一领域或情境（职业岗位），以资格、胜任力或学习结果进行衡量。由于高校学生职业发展具有更多的可能性，其能力培养既需要"超越"某一领域，又需要"在"某一领域。"超越"某一领域是指培养高校学生的通用能力，"在"某一领域是指培养高校学生的专业能力。这两种能力的培养是相互促进的，通过专业能力的培养促进通用能力的形成，反过来，通过通用能力的形成更好地培养专业能力。

高校学生能力的培养必须与社会生产方式、社会需求、区域经济发展的变革相适应。为应对全球化和新经济的挑战，提升人才培养质量，提高国家人力资源优势和竞争力，国家、社会、企业对劳动者的能力素质提出了更高的要求。国家、社会期待学校培养的人才能够适应快速变化的工作环境。企业雇主认为高素质的人员应该具有共同的特性，如思考能力、学习适应、学习迁移、解决问题、团队合作与沟通交流等。高等教育要满足经济社会发展和个人发展的需要，就必须培养通用的、专业的能力。

高校人才培养需要根据学生发展、社会需求、经济发展情况等因素对学生能力要求进行分析，通过能力模型构建学生能力维度。同时也应该认识到，高校学生能力模型即使有共同的元素或维度，但其内容因时空不同而呈现差异。每个地区、学校、专业都可建立自己的能力模型。

它是一个共性与个性相结合的、动态的、不断发展的过程。高校要清醒地认识到建立能力模型要体现和反映社会需求，指导学生发展成长。能力模型建立的目的，应是作为支持质量持续改进的工具，为人才培养提供依据和遵循。通过建立能力模型，帮助学生在高校中获得成功，为职业发展和个性发展奠定基础。

第四章 民办高校人才培养的改革探索

第一节 民办高校人才培养课程体系的改革

一、民办高校课程体系改革的理论基础

"什么知识最有价值""应该教给学生什么样的知识",这是高等教育改革永恒的话题,也引导着课程理论研究与实践的发展。基于不同的知识价值观,对于上述问题的不同回答形成了不同的课程理论。从历史的纬度分析,这些知识价值观有社会职业与经济、科学技术、人文主义以及文化主义等等,于是就形成了课程的社会本位价值论、科学主义论、人文(人本)主义价值论以及文化主义价值论等。但是,各种课程价值论在不同的历史阶段交替或者同时成为课程理论的主流,在很大程度上取决于历史与社会现实所赋予的价值追求。

我国高校课程价值取向的变化与社会经济形势的变化具有密切的相关性,经历了一个曲折发展的历程:第一阶段是对高校课程思想价值的赋予和膜拜;第二阶段是对高校课程经济价值的认可与追求;第三阶段是对高校课程文化价值的思考与关注;第四阶段是对高校课程人性价值的呼吁和倡导。除非常时期之外,总体而言,我国高校课程价值取向基本上是与经济、文化的实际情况大致相适应的。

精英时代的高等教育,不存在因学生就业产生对高等教育发展的外在压力,学校对专业和课程的设计没有外力的驱动。而大众化教育时代的到来已经在人才的培养目标、教育质量标准、教育价值取向等方面发生了重要的变革。因此,课程体系也要随之进行重构。

第一，课程价值目标既要适应实用主义的价值追求，符合市场导向，同时也要保持高等教育的人文主义功能，做到科技实用主义与人文精神共存。

第二，课程体系要适应高等教育大众化过程中多样化的特征，课程内容、结构多样化，适应多种需求，在结构上具有弹性，内容上具有包容性，要求课程体系走向开放。

第三，课程体系中要融入文化性的内容，这种文化性的内容实则与通识性的内容在某种意义上是一致的。高等教育大众化须提升到文化的层面上来，最终才能避免将大众化简单地视为功利主义和实用主义的历史重现。

民办高等教育在我国高等教育大众化进程中扮演着重要角色，是促进高等教育走向竞争与繁荣的生力军。从民办高校目前所担任的角色来看，主要的是承担高等教育大众化的职能。因此，民办高校的课程体系必须适应其承载高等教育大众化的培养任务。

首先，民办高校课程体系的价值取向趋于实用主义。市场是趋利的，这是市场价值的一个基本点，课程价值主要是适应实利主义的价值追求。民办高校为了生存发展，从课程专业的设置、收费制度的选择、内部管理改革的效率目标等等都受自我生存发展的外驱力推动。从课程体系的目标追求分析，就是用实用的知识去培养实用的人才。当前劳动力市场的需求具有明显的实用主义倾向，要求学生一毕业就能拿得起工作，是否录用主要是看学生的能力。而政府也希望民办高校更多地培养实用型人才，将民办高等教育基本定位在高等职业教育的层面上。因此，目前民办高校专业体系下的课程结构必定会包含着实用、实惠的内容，学生毕业后就业率高。

其次，课程体系必须符合高校的精神，注重人文和通识教育。实利主义的价值观在一定的时期内可以促进大众化进程，民办高校课程体系做出这种调适是必要的——满足学生与家长的职业追求需要以及适应现代社会经济转型的需要。从长远来定位，课程的价值仍必须回归到人本的位置上来。

第三，课程体系建设必须适应生源的基本特征。民办高校不仅需要转换教学模式，而且还需要转换内容与知识体系，最后落实到课程的层面上来。

第四，总之，民办高等学校课程体系的改革必须以各种课程理论作为理论基础。在宏观层面上，民办高校要适应国家与社会对于人才培养目标的追求，探悉其中所蕴涵的价值，确定与人才培养目标相适应的课程价值追求以及相应的课程体系。注重人发展的本身的价值追求，所构建的知识与课程体系必须与此相适应。

最后，民办高校有着自身发展的特征，实际上，由于政策供给、体制、文化等方面的差异以及自身的定位等内外部因素的影响，民办高校与公办高校存在着培养目标的差异，实现培养目标的课程体系与公办高校也应有所不同，民办高校自身的课程体系建设必然要寻找自己的出路。

二、民办高校课程体系的构建

（一）民办高校课程设置的依据

教育是为了培养社会所需要的人才，满足社会的需要，但是教育也要适应人本的需求，满足人的全面发展的需要，这一点在民办高校课程建设中尤其值得注意。课程体系内容要考虑到知识的内在联系与社会、市场以及个人的需求，目标应该体现多样化的特征，人文课程、学术性课程、职业类课程、技术技能性课程、实践性课程等都应该有合理的比例，内容上要考虑学生的实际接受能力与教育目标要求之间的平衡关系。一个课程体系的设置实际上具体回答了"培养什么人"的问题，随着社会发展、人才需求的变化和教育理念的更新，民办高校课程体系的调整既是一个迫切的课题，也是一个永恒的课题。

民办高等教育要保持健康持续的发展，对人才培养目标进行科学定位是一个首要问题。我国民办高等教育起步晚、力量相对薄弱以及发展过程中趋于实利性的现实，决定了大多以培养适应社会多元化、多层次就业的实用型人才为主要目标。根据发达国家的经验，应用型人才与高级研究人才之间的比例应该是 4∶1 或者 5∶1，而当前我国的应用型人才的数量与质量还远远不能适应社会与经济发展的需要。民办高校走应用型培养模式，为国家培养一大批在生产、服务、管理第一线的高级应用型人才是时代的需求，也是民办高校自身生存发展和走向强大的正确选择。

不可否认，这是一种基本的定位。随着时间的推移，部分民办高校的办学实力可能会得到增强，有的民办高校可能会走向教学研究型高校甚至研究型高校的道路，但是总体而言，民办高校仍须根据自身的实际来正确定位。外部强大的实用性渗透必须有内在的高校自主发展理念下的人本书化去平衡，在课程建设中要融入科学客观的教育理念，注重人的价值与精神素质的培养，这是民办高校在课程体系改革中必须明确和坚持的重要思想。

民办高校的教学方式受制于生源质量相对较差的状况，其课程体系需要适应学生的学习方式，教师的授课方式、指导形式也要适应学生的学习规律。在课程的教学过程中，实施的要求与条件要考虑到民办高校的特色，不仅应提出教学所必须做到的要求，还要考虑该课程设置在实施中其教学管理、教学设备（施）、组织实施等方面的可行性因素。

由此可见，民办高校课程体系构建主要有以下两条原则。

1. 规范性原则

所谓规范性即统一性，就是遵循教育部《普通高等学校本科专业目录和专业介绍》对本科专业所提出的关于业务培养目标、业务培养要求、主干学科、主要课程、主要实践环节、修业年限、授予学位等方面的原则要求。民办本科院校其课程体系的构建必须符合国家的统一标准，遵循高等教育质量统一性原则。

2. 特色性原则

课程体系构建的特色性原则既是高等教育质量多样化的体现，也是各类高校的生命力所在。民办高校课程体系之构建即是在"规范性原则"基础上构建其适应自身要求的特色，反映其应用型教育的教学体系特征。

（二）民办高校课程内容与结构体系

课程内容是知识学习与能力培养的载体，应能体现时代发展的要求。民办高校应该将课程体系与特定人才的培养以及就业需求密切结合起来，形成市场导向、培养规律和用人单位导向一体的教育思想，以适应我国中低专业技术岗位的人力资源需求。民办高校课程的应用性、实用性和功利性是市场的需要，是民办高校参与竞争的必然武器。同时，通识性教育、人文教育是民办高等教育不可或缺的重要部分，民办高校要充分考虑加强文、史、哲类课程建设，加强数学、物理学、化学等学科性课程的建设。

第一，在专业类课程的设置上，要注重专业基础课的建设。专业课程是更具有直接性、职业性、功利性的课程。民办高校课程体系中的专业课程指向培养学生合理的专业知识结构，培养实用型专业人才，体现实用主义的价值。如在国际贸易专业中，贸易实务、商贸谈判技巧、进出口业务之类的课程多，"课程连续统一体"是一个具有启迪性的概念，是指"由不同课程模式依据其内在的逻辑关联和层次递进关系所形成的链式结构的课程体系"。民办高校的课程体系必须走出那种断裂的、缺乏紧密逻辑与关联的以及静态的构建框架，变传统的职业性的专业教育为基础性的专业素质教育，从而从根本上支持宽口径要求，真正实现实用的专业人才培养目标。

第二，注重人的全面发展，加强通识课程的建设和教学。教育通识课程是当前民办高校需要着重建设的一个课程板块。学术性课程、人文课程、方法类课程以及外语、计算机课程等是实施通识教育的显性课程，同时必须高度重视通识教育中的隐性课程建设，如关于校园文化建设、师生关系、校风学风等方面的教育也可以纳入课程建设的高度上来

(人们称之为通识课程中的隐性课程)。通识教育隐性课程门类众多,其中部分课程的通识教育作用明显大于其他课程,有人称这类课程为通识教育主导隐性课程,它主要包括高校的各种讲座、课外阅读、社团活动和社会实践等。因此,通过通识性课程体系的建设,提升民办高校的通识性、人文性教育,真正培养文化素养高、个性张扬的合格公民。

第三,民办高校的特色课程建设。这类课程主要是一些校本课程及地方性课程,是根据民办高校自身的专业课程特色而设置的。同时,特色课程还必须瞄准地方经济与文化,开设职业性、技术性、技能性的文化课程,不仅能够起到对专业教育的补充作用,也可以起到很好地通识教育的作用,是专业教育与通识教育一个良好的结合点。

上述的课程结构板块与传统的或者说公办高校的情况差异不大,但是作为课程群或者单一课程来分析,它们是具有民办特色的。各种课程构成比例上的差异(主辅修比例、通专课程比例、选修必修比例、理论实践比例等)、内容上的差异以及课程本身的创新是民办高校课程体系建设的重要创新点。

(三) 民办高校课程体系的改革途径

1. 课程体系价值取向的多元目标

在与高等教育的竞争中,民办高校仍处于不利的地位,适应市场竞争、适应大众化的发展要求民办高校调整培养目标,走多样化、多元化的发展道路,最终落实到课程体系价值取向的多元化。民办高校的课程体系建设要充分利用市场机制、内部灵活弹性机制进行改革课程来适应学校的人才培养目标。同时,课程体系的建设须兼顾学生的就业问题,课程体系必须包含一些职业性课程,满足学生为职业生涯做准备的要求。另外,民办高校课程体系还要接受社会、政府、市场等维度的影响,同时保持民办高校遵循教育规律的一面,适应人性发展的需求,建设人文课程。

2. 通专课程结合，加强课程开发

课程建设必须是通专课程兼具，这实际上是所有高校的共识。但是，民办高校应该顺应现成的专业教育现状，必须在专业教育巩固的同时，加强通识教育课程的建设。另外，课程体系建设过程中加强地方性、校本课程以及特色课程的开发，这是民办高校发挥特色的一条重要途径。

3. 网络课程资源补充

现代教育技术的充分发展为提供了一个很好的途径，特别是网络技术的发展与运用，使得教师可以引进优质网络课程资源来补充课程数量、优化课程体系的结构。网络课程具有使用方便、成本低廉以及共享面广等诸多优势，它是民办高校扩充课程资源，平衡课程体系结构的重要方式。

4. 加强学术课程与隐性课程建设

大多民办高校定位于教学型高校，以传授知识、培养能力为主，在学术研究方面很薄弱。从高校的教学、科研与社会服务的三大基本职能上来看，缺乏科研的高校是肤浅的。这种状况也可以从课程体系上反映出来——学科知识课程少，学术课程少。科研与教学之间存在本与源的辩证关系，这里不想分析，但是重视科研，创造学术氛围，树立高校批判精神在课程改革层面上要求加强学术性课程的建设，如数学、物理学、经济学、生物学等。这些课程需要大量人力物力的投入，但是这不能成为民办高校回避这些课程的理由，民办高校中的职业性、技能性、实用性课程必须有这些学术性课程来支撑。同时，民办高校须加强隐性课程的建设，来补充显性课程的不足，将学生培养成既具有思想文化性又具有较高素质能力的实用型人才。

第二节 民办高校人才培养教学管理模式改革

一、以学分制为核心的教学管理模式转变

(一) 学分制的内涵、产生与特点

学分制是一种以学分为计量单位衡量学生学业完成状况的教学管理制度，同时也是教师教学计划制订和教师教学工作量安排的依据。

与传统的学年制相比，学分制有以下特点。

1. 学习时限的灵活性

它参考学历教育所要求的年限，但不受年限的严格限制，学生可以提前修满学分提前毕业，也可滞后一定时间毕业。从教育经济学的角度看，有效地、因人而异地分配受教育时间，能降低产品的成本，提高教育的效率，这对个人和社会都是有利的。

2. 学习内容的选择性

它在一定程度上允许学生选择自己认为必要而且感兴趣的课程和专业，这是它的精髓。

3. 课程考查的变通性

对于学生修读的课程，如果考试不及格，均可重修或另选另考，直到及格取得等值学分为止。这种允许受教育者在一定限度内根据自身的发展进行自我调整的做法，既体现了对学分的重视，又有利于学生形成适应社会需要的才能。

4. 培养过程的指导性

学分制为学生独立自由地安排学习、充分发挥学生的特长及主动性和创造性创造了必要的条件，但由于学生特别是低年级学生对独立设计符合社会要求的自我目标、模式比较模糊，对实现目标的学习方案也难

以进行优化选择。所以，配合学分制要设立指导导师，对学生进行指导，帮助学生正确处理学习过程中产生的问题。"专业领域"要求学习的课程、学习期限及每学期应修读的课程门数均有比较严格的规定，一般通过学生必须完成规定的最低学分体现出来。

学分制顺应了社会发展和科技发展对人才培养的要求，正视了培养对象的差异性，相比于学年制具有更大的灵活性。实施学分制有以下几方面的优点。

（1）有利于优化知识结构

学分制以开设大量选修课为前提，学生可以根据社会就业和个人发展需要进行专业学习，构建自己的知识体系，组成最优化的知识结构。

（2）有利于因材施教

充分发展学生的个性，培养各种类型的专门人才。实施学分制后，学生的主体能动性得到充分发挥，学有余力的学生可以多选修一些课程，以便突出自己的专长，深化和提升学习层次；基础知识欠佳的学生可从实际出发，量力而行，制订适合自己的学业计划，明确努力的方向。

（3）有利于教学质量的提高

学分制通过选课制、选教制的实施，把竞争机制引入到教学中来，形成优胜劣汰的竞争机制。一方面，可以激发教师不断地更新教学内容，改进教学方法，把自身的知识水平、教学水平和学术水平最大限度地发挥出来。另一方面，可以通过选修课开设多少与经费挂钩等方式，激发二级院（系）的办学热情，提高办学效益。

（二）新的时代背景下的高校实施学分制的意义

1. 学分制是高等教育体现以学生为本、为学生提供个性化教育服务的制度保证

高等教育的大众化，教育目标的一致性和多样性的矛盾尤为突出。

从个体发展角度看，学生身心特点的差异性决定了教育目标必须具备多样性的特点，培养学生以求异思维为核心的创造能力已经成为高等教育活动的重要目标；从人才培养的质量标准角度看，现代教育观点认为高校是否为学生提供个性化和多规格的教育服务是衡量高校教育质量的重要指标。学分制为实现教育规格和教育过程个性化提供了制度保证，学分制条件下的自主选课、丰富的课程资源和弹性学制等体制性的特点较之学年制更能满足学生自主发展的需要，也更有利于学生按照自己的兴趣和爱好发展各种创新能力。

2. 学分制有助于学生综合素质的提高和创造能力的发展

利用学分制这一制度平台，高校可以根据社会发展及时调整培养目标和培养规格，并通过修订培养计划反映到教学过程中，通过制订更加灵活的人才培养计划，构建超越专业和学科的课程体系，使学生可以按照自己的学习与发展愿望灵活选择专业、课程和教师，自主设计学习和发展计划。学分制还为学生更多地参与第二课堂活动提供了条件，在各类科技发明、创新竞赛等活动中取得优异成绩学分的学生可以获得创新学分，以调动学生参与创新活动的积极性，促进学生的综合素质全面发展。

3. 学分制是优化教育资源的重要途径

首先，学分制为课程整合与优化提供了制度环境。现代高等教育已经把"厚基础、宽口径"作为课程体系设置的基本原则，学分制正是这种课程设计思想的具体途径。学分制改革要求适当缩短必修课学时，增加选修课所占比例，允许学生根据个人需要灵活组织适应于自身学习需要的课程体系。其次，学分制有助于优化教师资源。学分制下学生可以在教学资源许可的条件下自主选择专业和课程，因而也就可以自己选择教师。当教师面临学生的直接选择时，教师间的竞争机制便得以形成，教师必须不断提高自己的教学质量，增强自己的竞争力才能获得学生的青睐。这种多劳多得的管理机制将最大限度地挖掘优秀的师资潜能，在满足学生多样化需求的同时也实现了教师队伍的不断优化。

二、民办高校学分制改革的动因、环境分析

(一) 民办高校学分制改革的外部动因分析

任何一种教学管理制度的产生与运行总与社会外部因素有着密切的联系,并对这种制度起着一定的制约作用。从学分制的产生来看,它本身就是多元文化和市场经济的产物,换言之,多元文化和市场经济等已成为学分制产生的外部动因。我国民办高校推行学分制改革的外部动因当然也不能例外,概括起来,主要有以下几方面。

1. 教育的国际化趋势

基于经济全球化的教育国际化,主要体现在以"国际化"人才为培养目标;教育的内容、方式、评价标准等能为大多数国家所公认;学生对不同国家的文化有一定的了解,并具备一定的国际交往能力。发展不仅意味着数量的增加,质量与效益的提高,更意味着"适应性"的提高。我国民办高校将在全球化的大背景下求生存谋发展,因而在发展的指导思想上要面向全球一体化,着眼于国际市场的供需状况,合理地配置教育资源,这种国际化的高等教育势必要以相应的教学管理制度作保证。

2. 文化的多元性趋势

现代社会的特点之一就是不同文化之间的相互融合,这种相互融合大致包括文化的灭绝、文化的涵化、文化的拒绝与融合三个方面,并体现出文化的多元性。多元文化指的是基于对不同文化知识的理解,在一国内部各种文化成分和世界各国不同文化之间,建立起积极的交流与相互充实的联系,即超越多种文化的同化和共存。受教育者在接受一种教育的同时,也在接受一种文化,融入社会和经济生活。随着教育国际化进程的不断进展,接受多元文化教育的人就能不断受到多重文化的熏陶,成为加速全球一体化的文化载体和跨国沟通的桥梁。我国高等教育在设置教学内容的同时,必须考虑不同民族和国家间的多元文化成分,

满足受教育者接受多种文化熏陶和了解不同民族文化个性差异的需要。

3. 市场经济的复杂性趋势

随着社会主义市场经济的拓展，社会要求高等教育与经济建设紧密结合，按市场要求设置专业和培养人才。在社会主义市场经济条件下，一方面，社会对促进生产力发展的科学技术呈现出多样化的需求。另一方面，面对日益激烈的就业竞争，高校毕业生更加注重个人知识的个性化发展。这种知识个性化发展的趋势强烈地呼唤着灵活的、适应个性化学习需要的教学管理制度。

（二）民办高校学分制改革的内部动因分析

民办高校学分制改革的动因不仅来自学校外部，同时，也来自学校内部和受教育者自身。受教育者和学校为了追求与社会的协调发展，就必然会促使自己按照社会的多种要求来不断地进行自我完善，并使自己在激烈的社会竞争中始终立于不败之地。

1. 推行学分制是高等教育实现"以人为本"理念的必然要求

当前，各高校教育教学改革强调"以人为本"的理念，强调学分制改革是现代社会经济、文化与科技对于人才培养的需求，是高等教育面向国际化的要求，也是高等学校面向市场、实现教育资源合理配置的要求。这一制度所基于的人才培养个性化的理念适应了人的发展、社会以及市场的需求。学分制的核心理念是"学术自由"或者说"学习自由"，有利于发挥学生个性，有利于优秀人才脱颖而出，增强学生学习的主动性和积极性。学生根据自身的实际需求自主选择课程、教师以及学习时间等，教师可以更好地因材施教，这是真正体现"以人为本"教育理念的一个教学管理制度。同时，从课程资源体系建设上分析，多样化的需求有利于优化课程结构，深化教学内容的改革，促进培养文理渗透、全面发展的人才。

2. 公立高校掀起一轮新的学分制改革

随着知识经济与信息时代的到来以及高等教育大众化的逐步实现，

社会与市场对于高校人才培养规格提出了新的要求，人才目标的转变引起学校教学管理制度与模式的改革，许多公立高校掀起一轮新的学分制改革。这既是高等教育发展的一个宏观背景，也是公办和民办高等教育竞争发展的一个推动力。

3. 民办高校发展与转型的需要

民办高校的发展必须将社会的需求转变为内在的动力。"以人为本"，实现个性化教育与创新教育理念，提高人才的培养层次与质量，这也是民办高校发展与实现自我转型的需要。民办高校走向学分制的改革与建设，这符合现代高等教育教学改革的趋势，也与民办高等教育的市场化特征高度一致，如共享教学资源、实现内部管理的竞争与激励机制等。因此，民办高校必须结合民办高校自身的特点以及相应的途径来实现。

第三节　民办高校学分制改革的基本路径与模式选择

一、民办高校学分制改革的基本路径

(一) 转变教育思想和观念是民办高校实施学分制的先导

观念更新是教育创新的先导。从根本上讲，学分制改革力图打破传统的刚性教学计划和统一培养规格为基本特征的学年制，转向实行以选课制和弹性学制为核心的学分制。这不仅仅是一次教学组织与管理制度的变革，也是一次深刻的教育思想观念的变革。

学分制的实行需要一个开放的教育理念，需要给学生一个自由学习的空间。一是要转变办学思想，确定以培养学生素质为目标的观念树立学生的主体地位，坚持知识、能力与素质协调发展来培养人才；二是要与时俱进，不断创新，转变服务意识，保障学生的自由选择；三是要做到管理创新，加强教学管理和研究，建立"导师制"，为学生当好参谋，指导学生选修课程，关心学生成长，促进学生的个性发展。总之，推行

学分制就必须尊重学生的主体性，尊重学生的学习自由，即学生选择学习什么和如何学习的自由，这是把学术自由的原则贯彻到高校的学术群体最底层的表现，只有在充分尊重学生学习自由的基础上，才有可能实现师生作为教学活动主体的平等交流与沟通。

（二）准确定位人才培养目标是实施学分制改革的基本前提

培养目标的定位是一个核心问题，对于实施学分制而言则是一个基本前提。现代人才培养理念下的目标选择要求民办高校面对市场必须做出明确的答复。民办高校是我国在社会主义市场经济条件下逐渐发展壮大的，市场经济给民办高校提供了广阔的发展空间，面向市场培养人才在发展初期成为其突出的优势，即便在今天高等教育市场相对成熟的情况下，这仍不乏是民办高校发展的一大优势。民办高校必须适应现代教育理念与社会经济的需求，贴近市场、面向市场培养人才。

当前的大众化高等教育既是社会经济水平所催生的必然结果，也是高等教育内在的必然逻辑。高等教育的大众化已经使得高等教育质量、人才培养目标与规格走出了传统的精英教育模式，高校培养社会生产、工程、管理与服务一线的应用型人才已经成为高等教育大众化的一个重要内容。

从宏观政策分析，国家与政府鼓励新建本科院校实施应用型人才的培养。近几年来，教育部已批准了相当一部分高校从专科升格为本科。定位于高级应用型人才的培养，是民办高校主动适应国家政策以及社会经济发展，抓住发展机遇的一个目标性战略。

因此，从目前的整体现状来看，市场、政府以及高等教育大众化选择将民办高校的人才培养定位在培养"高级应用型人才"上。显然，学分制作为一个制度，必须为这样一个目标服务。民办高校实施学分制过程中，以这一"高级应用型人才"培养目标为基本前提，设计教学目标，坚持知识、能力与素质的协调发展，建设更多的供学生自由选择的教学资源，提供更为自由的学生学习方式与学习时间，构建提高学生创新能力的新型教学质量评价体系。

第四章 民办高校人才培养的改革探索

(三) 适应学分制改革，制订科学合理的课程结构体系

在学分制建设过程中，课程体系的建设非常重要，民办高校必须构建与人才培养定位相适应的课程体系，调整与优化人才培养计划，同时根据内部的专业定位，在通识教育、专业化、职业化等方面做出选择，构建知识、能力与素质协调发展的人才，在知识结构方面体现"复合型"，使学生拥有较宽广的科学文化知识和扎实的学科专业基础知识；在能力结构方面体现"应用性"，重视学生动手能力和创新能力；在素质方面体现"全面性"，使学生拥有良好的思想道德素质、文化素质和身心素质。

学分制的核心是实行选课制，尽可能多地开设选修课程是推行学分制的有力保证。民办高校可以通过"校级公共必修课""校级公共选修课""学科基础平台"与"专业基础平台"来构筑宽口径的知识平台，以增强高校生宽广的适应能力，这一点与公办高校比较相近；但是，民办高校由于教师资源与课程资源相对不足，可以在高年级中开设针对性强的专业方向模块课程，尽量给学生提供自主选择课程的机会，使学生拥有专业方向模块选择和专业课选修的机会，为学生的发展提供更个性化的服务。同时，可以尽可能多地开设校级公共选修课，也可将部分公共必修课纳入选修课的管理模式中，扩大选修课的比例，提高选修课的质量。在改革过程中，必须明晰各专业教学环节"知识、能力与素质"的基本要求，并以突出提高高校生的学习能力、实践能力培养为主要目标，加强公共基础课平台、学科基础平台中核心课程的建设，并且要注意各专业方向模块课程的结构关系，使得分流与选择专业方向后学生的知识学习仍具有紧密的连贯性与逻辑性，克服学分制可能带来的知识学习松散性等问题，构建起符合民办高校"高级应用型人才"培养目标与培养规格的"平台＋模块"课程结构体系。

(四) 建立和完善适合学分制要求的教学管理运行机制

1. 开设数量足够和高质量的选修课，以供学生选修

学分制的优点和特点主要通过选修课的重要地位和作用体现出来，

因此，只有提供充分的选择空间才能够提高选择的效率。

根据民办高校中相对紧张的课程资源的现实，一方面，管理者必须优化管理机制，鼓励教师多开课、开好课，增加选修课资源，并切实提高资源的利用率；另一方面，可以从教育产品公司、其他高校选择引进高质量的网络（远程）课程资源，增加课程的类型与课程数量，解决民办高校实施学分制过程中课程资源相对不足的情况。

2. 逐步完善动态管理机制，增加学生学习的选择性

学分制学籍管理是学分制管理体制的核心和出发点，民办高校要本着"管而不死、活而不乱"的原则，发挥学生个性特长，鼓励超越，鼓励出类拔萃的学生脱颖而出，更好、更快地成才，为创特色重新梳理和修订学籍管理规定。

3. 努力造就一支素质较高的师资队伍

民办高等学校专职教师较少，存在一定比例的外聘教师，因此，课程资源不足且不稳定。人事制度的改革必须与学分制教学管理制度的改革相配套，通过改革分配制度（如给予新开课提高课时酬金、对于超工作量部分给予更高的补贴、将新开课与晋升职称挂钩等），以激励为主，发挥教师的工作热情，鼓励教师多开课，开好课，以建立一支适应学分制教学的师资队伍；其次，对于那些教学经验丰富，教学效果好的教师应给予奖励，如设立主讲教师，把教学效果与教师岗位联系起来等等。同时，发挥兼职教师的积极性开课，引入竞争机制，吸引外校教师到学校来开课，带来课程资源的共享，形成民办高等学校特色的专、兼、外聘等多种性质的教师队伍。

4. 建立适应学分制管理的教学管理机制

实施学分制，必然会打破原来学年制下的整齐划一，增加教学管理人员的工作量，所以，如何改善教学管理体制，构建新的管理模式也就成为完善学分制很重要的一环。

总之，学分制的改革是一项系统工程，民办高校必须根据自身已有

的管理模式做出调整，以教学管理制度为核心，发挥民办高校在各项管理过程中市场调节与竞争机制的有效作用，适应学分制改革的需要，确立多样化的制度保障，并形成运行机制，实现学分制模式的有效运行。

二、民办高校学分制改革的模式选择

(一) 我国高校现行学分制的基本类型

现阶段我国普通高校推行的学分制，是伴随我国市场经济体制的建立而建立的，由于校与校之间的差异，目前出现了完全学分制、学年学分制、复合学分制等学分制的形式。

1. 完全学分制

完全学分制是完全以学分为单位衡量学生的学习量，不管学习时间的长短，只要修够规定的学分数即可毕业，其最大特点是突破学年限制，可断断续续修读一个专业，也可同时修读两个专业。

2. 计划学分制

计划学分制的特点是实行必修课保底，选修课不封顶，必修课包括公共基础课、专业基础课、学科交叉部分课程。选修课类型较多，既有纵向深化专业知识、具有研究性的课程，也有横向扩大知识领域的课程，同时还设有文、理、工、管相互渗透的课程。

3. 学年学分制

把学年制与学分制的某些管理办法结合在一起，学年与学期对学生应修学分都有具体要求，教学计划的弹性略小于计划学分制，一般不允许提前修满学分者提前毕业，注重并立足于班集体教学。选修课门数不多，学生选课的自由度不大。

4. 全面加权学分制

全面即对学生诸多方面的要求都用"学分"量化，课程学分则根据课内外学习应付出的劳动量得出；加权即把计划中的学分，根据课程类别、性质、地位、难度等差异分别确定权重或加权系数，计划学分乘以加权系数即得实际学分,计划学分用于学籍管理,加权学分用于衡量学生学习质量的优劣,作为评奖、评优的依据。

5. 复合型学分制

这类学分制是按教学阶段或课程类别分别采用学年制和学分制的某些管理办法。主要有两种形式：一是一二年级实行学年制,三四年级实行学分制；二是必修课实行学年制,选修课实行学分制。

6. 特区开放型学分制

这种类型的学分制最早出现于我国经济特区的部分高校,特点是与计划学分制相比,学生课程修习的自由度更大,专业的选择与转移更为机动,管理上更为灵活。从特区经济特点出发培养人才,以适应经济特区对各种类型人才的需求。

(二)民办高校学分制管理模式的选择

民办高校学分制管理模式的选择应依据学校能够满足个性化的条件积累,目前以学年学分制模式为宜,并应追求教学条件约束下的学分制最优结构。以下做法可以在一定程度上优化民办高校的学分制教学管理模式。

1. 学分制的实质是要提供学生选择的机会

民办高校的课程和教师等资源与学分制的推行存在一定的排他性,无疑对学分制的推进有着较大的制约作用。为此,可采取以下对策。

(1)通过推行"主辅修制"扩充学生的选择空间

可在现有科类及课程的条件下通过推行"主辅修制"扩充学生的选择空间。在提高主修专业教学质量的基础上,大量开设辅修专业,扩高校生的选择空间,以满足学生选择课程和选择专业的需要。让部分学有余力的学生通过辅修的方式获取"一主一辅"两个证书甚至两个学位,从而为社会培养复合型人才,以提高学生就业的竞争力。

(2)有条件地转专业弥补学生第二次选择专业的需求

现有的招生政策仍然是根据学生的高考成绩和志愿来确定专业,很难满足学生的需要。但如果任学生自由选择专业,现有的办学条件还远远不够。通过学生自由报名和考核选拔,在学校允许的条件下转专业,既可以照顾部分学生的学习兴趣,又能解决部分学生在专业学习中存在的困难。

(3) 通过开发网络课程缓解资源不足的压力

一方面,网络课程可以增加课程资源,另一方面,还可以缓解教室资源和时间段不足的矛盾。开发网络课程进行网络教学,可以是实时教学,即教师、学生在同一时间进行教学活动;也可以是非实时教学,即教师预先将教学内容及要求存放在服务器中,学生根据自己的时间安排,在网上下载学习内容进行学习。利用网络教学,教师上网辅导的时间以及学生上网学习的人数不受限制,可以解决因学生选择某些热门课程或优秀教师而造成教室容量不足的问题。同时利用网络教学,对教室以及实验室资源的依赖不像传统的课堂教学那样突出,可以有效地缓解教室及实验室等资源紧张的局面。

(4) 通过民办高校市场机制的优势扩大高校生选择教师的范围

学分制改革是建立在选课制的基础之上的,因此学分制改革要落到实处,首先要保证能开出足够数量的选修课。民办高校要将学分制改革真正推向深入,必须首先加强师资队伍建设,采取专聘结合的方式挖掘师资资源,进一步引入竞争机制,以适应"生选师"的需要。要不断强化专兼职教师的综合素质,建设一支高素质的教师队伍。学分制向教师提出了更高的要求,教师不仅应具有厚实的专业知识、广博的文化素养和较高的学术水平,还能在交叉、边缘、新兴学科的科研中有所建树,能开出高水平的选修课;其次,教师必须具备较高的职业道德水准,以学生为本,对学校负责、对社会负责,教书育人。

2. 面对民办高校的学生生源实际,应采取多种形式,营造有利于学分制的内部环境

(1) 通过实行适当的警示机制以避免学生盲目选择和放任自流

从学生的个人发展考虑,学分制为不同基础、不同层次的学生提供

了更加宽松的环境,因此,在民办高校的学籍管理中,增加转专科、试读及中期淘汰是很有必要的。

(2) 通过调整管理方式来加强学生管理

学分制比较重视学生取得的学分和毕业资格,因此,在重视目标管理的同时,还不能完全放松对学生的过程管理。

(3) 加强"宿区"文化建设

随着高校以选课制为核心内容的学分制、主辅修制等弹性学制的推行和后勤社会化的逐步实现,高校传统的班级建制受到了前所未有的挑战。适时调整,重新定位,赋予高校生宿舍这一特定的育人区域即"宿区"以更深的内涵,重视并积极发挥"宿区"功能,着力加强以文化为核心内容的高校"宿区"建设,对于高校积极落实育人任务具有十分重要的意义。"宿区"文化作为校园文化的亚文化,是一种特定的区域文化,是高校生"宿区"内以价值为核心、并以承载这一价值体系的活动形式和物质形态表现出来的一种精神氛围,是长期形成的有特色的"宿区"精神、文化活动与文化环境的总和。丰富多彩的"宿区"文化对于高校生改善知识结构、开发潜能和陶冶情操具有重要的作用,对于加速高校生在生活目标、价值取向、职业角色和人格塑造等方面的社会化具有重要作用。

3. 由于民办高校办学历史短,教学积累少,宜采取以下措施进行保护

(1) 通过成立选课指导小组和制定"学习计划套餐"来弥补导师制的不足

随着学分制的实施,学校必须加强对学生学习的指导、顾问与督促作用,建立必要的导师制,对学生的课程与专业选择、学习方法的培养以及实践能力的锻炼等做出指导。针对民办高校师资相对不足的情况,可以根据学生的基础和学习状况,制定数套适合不同学生群体需要的学习计划,即制定数套"学习计划套餐",供学生选课参考,可以较好地弥补导师制的不足。

(2) 通过增加免修、免听和补考来减少时间冲突

自学能力强的学生，经任课教师检查读书笔记等自学材料并同意后，可以申请免修培养方案中规定的尚未修读的部分专业课程，直接参加课程的期末考试。上课时间局部冲突的课程，学生向院系提出申请，经批准后可以免听冲突部分的课堂教学。按照学分制的要求，学生不及格的课程要重修，而学生在重修时往往会与其他必修课的开课时间冲突。因此，从缓解学生上课时间冲突和节约教学资源的角度考虑，有的课程学生修读一遍后不一定非要重修。因此，除正常的期末考试外，每门课程允许增加一次补考机会，以完善条件约束下的重修安排。

(3) 建立学校、社会间的学分互认机制

在当前的人才市场，社会用人单位对一些能力证书越来越重视，许多高校学生也热衷于社会上的各类考证。为此，高校应做好引导和规范，并且要做好高校、学生与社会考试机构的协调和沟通，如要做好学校与学校之间的学分互认、社会培训机构考试成绩的认可等方面的制度安排，学校要做好学历教育与非学历培训之间的沟通与衔接，来扩充教学资源以扩大高校生学习的选择范围。

第五章　民办高校应用型人才培养的理论逻辑与实践探索

第一节　民办高校应用型人才培养的理论逻辑

教育是有规律的，是有秩序的，是有逻辑的。因此，教育必须按规律、秩序和逻辑推进和展开。其中，教育逻辑是教育理论逻辑和教育实践路径的内在统一，即理论逻辑是实践路径的先导，实践路径以理论逻辑为指导。具体而言，教育逻辑即教育行动理当从哪里开始，经由哪些教育环节或过程，然后到哪里结束，完成一个完全的周期，如此周而复始，运行不殆。

民办高校基于行业导向培养应用人才，存在自身独有的规律或逻辑，这种逻辑规范了民办高校基于行业导向培养应用型人才的实践线路，即人才培养的方向、起点、中点、终点。

民办高校基于行业导向培养应用型人才的理论逻辑可以形式化或简化为依据行业岗位需求生成人才方案（包括知识结构、能力结构和素质结构）→生成活页化的课程体系→实施以产教融合为主要手段的课程教学→转化为学生的知识、能力和素质→重新回到工作岗位的岗位环流模式。其中，依据行业岗位需求生成人才方案（包括知识结构、能力结构和素质结构）的焦点是"基于行业导向设计应用型人才的岗位能力矩阵"，生成活页化的课程体系的焦点是"基于行业导向生成、组织和实施课程"，实施以产教融合为主要手段的课程教学和转化为学生的知识、能力和素质的焦点是"基于行业导向系统实施产教融合"。

一、基于行业导向生成应用型人才的岗位能力矩阵

岗位能力矩阵是岗位能力结构的样表化。岗位能力矩阵的生成是基于行业导向培养应用型人才的蓝图。有什么样的岗位能力矩阵，就有什么样的课程设置，就有与之相应的教学方式手段选择，进而需要相应的师资配备。可以说，岗位能力矩阵处于行业导向应用型人才培养的"龙头"和"基地"，即没有这一"龙头"的牵引，应用型人才培养的"龙身"就无法启动和腾跃，没有"地基"牢固，应用型人才培养的方向就可能跑偏。

（一）知识、能力和素质的辩证关系

知识、能力、素质作为教育理论研究中的基本概念都有其特定的内涵，他们之间的相互关系直接影响人才培养的理念、模式以及教育实践的价值取向。

目前，学者对三者之间的内在关系主要分为以下几种观点：一是简单地归结为内在的包含关系，譬如有学者认为素质包括知识和能力，素质是属概念，知识、能力是种概念，将三者之间的关系简单地归结为包含关系；二是层层递进的关系，例如有学者认为知识属于表层，能力属于里层，素质属于内核；三是"辩证统一的关系"。有学者认为知识是形成能力和素质的基础，知识有待于转化和升华为能力和素质，能力是素质的外在表现，素质则为知识、能力引导方向。本研究认为知识、能力与素质不仅是辩证发展的关系，而且是统一于人的辩证发展的关系。

知识、能力、素养三者的关系犹如人的"精、气、神"和水的"固、液、汽"三态。他们之间有区别，有联系，在不同时空条件下亦可相互转化。知识、能力、素质内涵上相互区别，但是又相互联系，而支撑这三者之间相互联系的关系"结点"就是人的辩证发展。其一，知识、能力和素质之间辩证耦合协调发展。知识是形成人的能力、提升人的素质的有力载体，能力是人的知识、素质的外在体现，知识与能力相结合发挥作用，不断凝聚、内化为人的素质。知识、能力、素质之间是

相互作用、耦合并进,辩证统一于人的发展。其二,知识、能力和素质都具有价值导向性,教育以何种导向为价值目标和价值选择,直接关系着人才培养的质量,决定着人能否成为辩证发展的人,教育要想实现人的辩证发展就应该树立"知识、能力、素质"三位一体的教育发展观。其三,知识、能力、素质都是在人与人、人与自然、人与社会的实践活动中形成和发展的。人的知识、能力、素质既是相对稳定的又是变化发展的,既来源于社会实践又在社会实践中不断地被检验、改造与发展,人的知识、能力和素质的发展依赖社会发展,社会发展以促进人的知识、能力、素质发展为核心,人的知识、能力、素质的发展与社会发展是辩证统一的。

知识、能力和素质均非单一的要素所构成,而是由多元要素结构所组成的,不同结构要素之间以人的发展为中心,形成一个立体的空间网络关系,由于每一个人的先天禀赋、生理条件以及后天的社会环境、教育的差异,不同的人对不同层次、类型的知识要素的需要千差万别,由此形成的能力和素质自然也是千姿百态。人的发展所体现的应该是一个人的知识、能力和素质的不同要素结构之间的最优化组合,而这种最优化组合的"子网络样态"应该是基于人的潜能和自身发展需要的基础之上所形成的,并且不同结构要素之间的组合状态在不同的人身上所展现的"子网络样态"应该是独一无二的。研究型高校注重培养学生的理论知识、科研能力以及综合素质,而应用型本科和民办高校更应注重培养学生的专业技能知识、社会实践能力以及身心发展素质等,而其人才培养所强调的知识和素养与研究型、学术型高校的知识是有区隔的。通常讲,知识有两类,广义的知识和狭义的知识。研究型高校人才培养主要面对的是狭义的知识:"是什么""怎么样""为什么"。其过程是由核心概念出发,即首先要界定和探究"是什么",经过缜密的逻辑,层层相扣的结构、系统的高度、历史的厚度、广博的深度、比较的维度和多学科的角度,进而追求磅礴的知识内涵和外延,从而构筑某一领域知识的体系构架,而其对于人才培养中素养和能力的要求一般属于通识和止于

"了解"的掌握程度，综合素养和应用能力属于知识体系的从属，属于该领域知识大厦的"边角"；而基于行业导向的高校人才培养目标是面向社会生产一线的复合型、实用型的应用型人才，从知识、素养、能力三者关系看，侧重强调面向行业岗位（群）的行业发展能力和与之匹配的全面的职业素养，其岗位（群）能力处于轴心地位。从生产一线的岗位能力出发，进而与之相匹配的素养和知识；再进而扩展到行业岗位链能力和行业岗位群能力以及与之相关联的职业素养与知识，它所构建的是连续的职业岗位能力链或岗位能力环流，其中，岗位能力、岗位链能力、岗位群能力和行业综合能力是岗位环流的节点或主体，与其相关联相匹配的综合素养和理论知识属于从属。其理论知识属于程序性知识，分为两个层次，首先是"做什么"和"怎么做"，其次是"如何做更好"即"分析和解决问题的策略"。这与专业导向的人才培养要求的知识"是什么""有什么""为什么"区别很大。不同类型、层次的民办高校在知识、能力、素质方面的价值倾向在某种程度上决定了人的发展方向，事实上，这种价值倾向也是基于学生的知识、能力、素质的一般情况而做出的价值选择，也是一种以人为出发点和以人的全面发展为目的的教育实践。

（二）动态岗位能力矩阵的生成理路

1. 按照行业的类型和层次采集岗位能力信息

行业是分类的，也是分层的，不同类型和层次的行业，由不同类型和层次的企业群支撑和构成。不同类型和层次的企业，又设有不同类型和层次的职业岗位，而不同类型和层次的岗位需要不同的能力结构（或岗位能力矩阵）。岗位能力信息的采集，必须分类分层进行；岗位能力矩阵的建构，也必须分类分层进行。

掌握企业岗位、岗位链和岗位群对人才能力的要求，构建行业对人才能力要求的矩阵模型，是基于行业导向培养应用型人才的第一站。岗位能力信息的采集，可以按照以下思路推进：通过对一定数量的某类型或层次的企业发放岗位能力需求调查表，调查及分析每个岗位能力的具体要求，进一步分析企业当前各岗位对人才能力要素的需求状况，为岗位能力矩阵的建构奠基。①企业主要负责人填写下一级所有岗位能力要素，完成后将此空白模板发给下一级员工；②下一级负责人填写能够完成本岗位应具备的能力要素，同时填写下一级员工所有岗位的能力要素要求，完成后将此空白模板发给下一级员工，最基层员工填写能够完成本岗位应具备的能力要素；③将收集到的企业岗位能力矩阵采集表，由资深行业/企业专家进行归类、调优、细化、简化等系列操作，使岗位能力要素易于理解、便于量化、易于操作，最终形成可以被行业、企业教师、学生等主体理解的岗位能力要素的集合，即岗位能力矩阵。

依据企业岗位能力模型，利用互联网手段，使得各个行业中成百上千的用人企业能按照此模型填报精准的岗位人才需求（包括用人数量、薪资标准和岗位能力要素、能力分级），构建第三方平台，利用大数据挖掘技术检索、匹配千万级的个人能力模型，实现人的能力与岗位能力需求高度匹配，使适合某种岗位需求的学生成功匹配到岗位上去，企业人才配置合理、人力资源优化。

随着与同类型或同层次的合作企业不断增加，收集到越来越多的岗位能力模型数据，通过大数据的多种数据样本，为学校的专业设置、课程开发、项目教学、创新人才培养模式等提供有效的外部导向需求依据。同时，不同企业同一个岗位也会有不同的岗位能力要素程度分级要求，通过能力需求与人才能力状况的匹配检索，使企业能够精准、明确地找到所需要的人才，让学生匹配到合适的岗位，并在工作岗位上获得快乐和职业满足感。

2. 建立稳定性与发展性相统一的岗位能力矩阵

岗位能力矩阵即具有稳定性，又具有发展性，是稳定性与发展性的辩证统一。所谓稳定性是指行业岗位对人才的能力存在相对恒定的标准或要求，这种标准或要求不会随着时空的变化而轻易更改，以确保行业常规工作保持有序运转。每一种行业都有自己的源起、发展、传统和基石，其中传统和基石可谓行业的基因，这种基因不可因时空的推移和转换而随意更变，如此才能确保行业历久弥新、永葆青春，同时又以此为根基，促使行业形成新的生长点、发展点和制高点，拓展行业的发展空间和发展领域。所谓发展性是指行业岗位要求人才的能力与时俱进，随着时空的变化不断更新、升级和丰实自己的能力结构，以确保行业发展的创新创造。每一条变化链的背后，一定存在一条与之密切相关的因果链，即具体的变化链背后有着特定的因果链。岗位能力矩阵的稳定性与发展性是由企业发展的稳定性和发展性决定的，而后者又是由产业或行业的稳定性和发展性所决定。从历史或现实来看，产业或行业总是处在变化发展之中，这种发展变化或快或慢，或大或小，或强或弱，既有涓涓细流式的量变，也有平台飞跃式的质变，还有基因突变式的序变。不同样态的产业或行业发展变化能够引发不同程度的行业岗位能力矩阵变化，同时也意味着人才培养必须与之发生相应的变化，以培养与之相适应或正向匹配的应用型人才。从整体上看，产业或行业的发展变化是绝对的，不变则是相对的，这就意味着行业岗位能力矩阵必须保持稳定性与发展性的辩证统一。

行业岗位能力矩阵如何做到稳定性与发展性的辩证统一，存在自身的规律和逻辑，存在自身独有的实现路径。第一，明确岗位工作对人才综合素养的基本要求。这种基本要求是一切从业人员必备的素养，是人才选拔的基本标准，也是人才任用不可逾越的底线。每一种行业都有自己相对稳定的人才选拔标准和任用底线，特殊行业往往具有特殊的人才选拔标准和任用底线，而且这种标准和底线是绝对不可逾越的。第二，与时俱进地升级岗位能力矩阵。随着社会的进步、科技的发展、信息革命的到来，要求行业及时将新科技、新理念、新思维嫁接到基本的知识矩阵、能力矩阵和素质矩阵之上，生成高品位、高档次、高水平和高质量的新的知识矩阵、能力矩阵和素质矩阵，这就是岗位能力矩阵发展的真谛。

行业岗位能力矩阵升级存在一定的逻辑，一般的思路是：①全面了解和掌握具体行业发展的趋势或态势，了解新科技、新理念、新思维对

第五章 民办高校应用型人才培养的理论逻辑与实践探索

行业发展带来的新机遇和新挑战,了解行业现有工作人员所具备的能力矩阵与这种新变化、新趋势之间存在的差距。然后,将这种行业发展带来的一系列新的诉求投射到新的人才培养或行业现有人员的培训提高上,即通过行业岗位平台,学校实时了解行业产业的发展,企业对人才能力要求的变化,现有学生实际岗位能力的达标情况,并依据这些实时的大数据完善课程体系的建设,改善人才培养模式、合理安排师资配置,实现教育实施的有效性、时效性、合理性。②行业或企业根据发展需要及时调整、更新和发布新的岗位能力矩阵。通过大数据分析手段探寻行业岗位能力矩阵的变化规律,动态生成满足具体行业的大多数企业岗位能力要求的衡量标准。③根据行业岗位能力矩阵的变化,创新应用型人才的培养模式,实现行业发展所需人才的全面升级。依据不同行业岗位的新的岗位能力矩阵,输出高校不同专业的岗位能力标准。然后,通过高校建立的网络平台点击相应专业,可知高校对应专业有多少学生具备对应行业岗位的能力要求,即学生岗位能力与行业岗位能力之间的匹配度。当然,即使同一岗位,由于地方区域的经济差异或企业发展重心不同,对同一岗位能力要求也不尽相同,通过不同企业关注同一岗位能力的区别,可横向了解本地区不同企业同一岗位企业更关心哪些岗位能力要素。如此,可适时了解本专业学生符合具体岗位的人员的数量及其水平或程度。学校通过这一组数据,可以有计划的调整课程结构、人才培养方式,以便于快速适应产业对人才的能力需要。

行业岗位能力矩阵的目标是要构建面向行业发展的整体行业发展能力,并与专业发展相匹配,形成与之匹配的课程。行业导向培养应用型人才强调的是面向行业的整体需要,服务行业的整体需要,培养学生系统的行业发展能力。那么,什么是行业发展能力？行业发展能力包含三个层次和三方面内容:一是微观维度的行业企业岗位能力;二是中观维度的跨企业、跨区域的行业岗位链能力;三是中观之上宏观之下的跨时空、跨领域的行业岗位群和行业综合能力。这些连续的能力或能力集合,是以人的完整职业发展为视角,以人的岗位能力为出发点,形成持续的、连续的行业能力集合的过程,它符合人的全面发展及面向未来发展的能力要求,构成了对人才培养课程内容设置的明确、明晰的量化标准及过程要求,它要求高校要按照"行业发展能力"体系去设计、生成与之匹配的相关课程,与之匹配有关的专业知识和专业课程并最终组建课程计划和实施方案。在组织与实施中,还要根据当下本地区行业、企业的具体需求来调整、调配课程的组成和比例,与行业发展需要实现适时互动发展,实现课程内容的稳定性与发展性的有机结合。

二、基于行业导向生成、组织和实施课程

课程是教育的内容及其进程,基于行业导向培养应用型人才的课程是一个有机系统,具有典型的体系性或结构性。课程体系是实现培养目标的有效载体,是保障和提高人才培养质量的关键。从某种意义上来说,应用型人才培养目标的实现在很大程度上取决于课程设置是否与之匹配。

(一)以能力矩阵为轴心生成课程

课程是人才培养的要件。有什么样的课程就有什么样的人才培养。课程的秘密在于结构,即课程结构影响甚至决定人才培养的知识结构、能力结构和素质结构。课程结构的样表化,表征为课程矩阵。这意味着课程矩阵决定着人才培养的知识矩阵(知识结构的样表化)、能力矩阵(能力结构的样表化)和素质矩阵(素质结构的样表化),其中素质矩阵是由知识矩阵与能力矩阵转化而成的综合形态。不同类型和层次的人才培养,存在不同的知识矩阵、能力矩阵和素质矩阵标准,研究型人才一般以知识矩阵为轴心,应用型人才一般以能力矩阵为轴心。照此逻辑,应用型人才的培养必须以能力矩阵为轴心生成与之匹配的课程。从某种意义上说,以能力矩阵为轴心生成课程,既是应用型人才培养的内在需要,也是行业发展的必然选择。

行业导向下的课程设置强调学术教育与职业教育相结合、理论与实践相结合、知识与技能相统一,强调学生的综合素质和综合能力,以确

保学生平稳地从学校过渡到工作岗位。应用型人才的核心是"用",本质是"学以致用","用"的基础是掌握知识与能力,"用"的对象是社会实践,"用"的目的是满足行业和社会发展的需求。那么,如何以能力矩阵为轴心生成课程?通常的做法是以专业能力为横坐标,以发展能力为纵坐标,生成样表化的课程矩阵。

不同类型的课程矩阵有着不同的使命,有着不同的专业能力、发展能力格局和生成依据,因而表现出不同的特征:①研究型课程矩阵的生成以培养学生的专业能力与发展能力为主。研究型课程不只是培养学生的专业能力,同时还培养学生的探究意识、探究能力、探究精神以及学生在探究过程中的综合体验。基于行业导向的应用型人才培养强调应用实践能力,但这并不意味着应用型人才的培养不需要研究型课程。②发展型课程矩阵的生成以培养学生的发展能力为主。发展型课程以培育学生的主体意识、完善学生的认知结构、提高学生自我规划和自主选择能力为宗旨,着眼于培养、激发和发展学生的兴趣爱好,开发学生的潜能。③通识型课程矩阵的生成以培养学生从事专业活动必备的基础知识、基本能力、基本素质为主。基本的知识、能力和素养,是一切人才培养的基本要求,也是做人的基本要求。④理论型课程矩阵的生成以培养学生专业能力为主,即帮助学生掌握必要的专业基本理论、专业知识和专业技能,了解和掌握本专业的发展前沿与基本动态,提高发现问题、分析问题和解决问题的能力。

基于行业导向培养应用型人才对课程矩阵的生成有着独特的依据,即必须以能力矩阵而非知识矩阵或素质矩阵为轴心来构建,因为这种人才培养的根基或立足点是行业岗位(群)能力链。任何行业岗位能力都是有结构的多元,集中表现为某种结构化的能力矩阵,具体的行业岗位能力对应着具体的能力矩阵,这种能力矩阵通过课程矩阵来培养、发展、提高和完善。这就是基于行业导向培养应用型人才生成课程的内在逻辑,即以能力矩阵为轴心生成课程或课程矩阵,这是行业导向应用型人才培养的根基和龙头,有了这种根基,应用型人才培养才有章可循、有的放矢，培养应用型人才的专业能力和全面发展能力的目标才能真正实现。

无规矩，不方圆，任何人才培养的发展与运行都是要有标准和流程的，行业导向的应用型人才培养更是如此，其中"行业需要"和"专业发展"就是评判其价值与结果的两把"标尺"或"校尺"："行业需要"要求课程的生成与设计，组织与实施要始终围绕行业发展能力展开；"专业发展"则要求课程的生成与设计、组织与实施要强调学生的全面发展，二者结合，辩证统一，共同实现应用型人才培养立德树人、德才兼备的价值初衷。

（二）以"双师型"教师为主体组织课程

课程生成之后，谁来组织课程，谁有资格组织课程？这是一个教师的资质问题。并非所有的人都有资格组织课程，不同类型、不同层次的课程组织对教师的资质有着不同的要求，应用型人才培养的课程组织要求教师必须是"双师型"教师、"实践型"教师和"理论型"教师合力共持，以"双师型"教师为主，这是应用型人才培养的内在逻辑，也是国家相关教育政策的明确规定。

课程组织主要包括收集课程信息、反思与借鉴、决策、合成四个步骤。这四个步骤是一个复杂的系统流程，涉及包括领导者、专家委员会、教师、学生、社会机构等众多参与者。其中，教师的作用举足轻重。应用型人才培养的课程组织要求教师走出校园、步入社会，了解社会发展前景、行业发展动态以及社会和企业岗位的人才需求，以此为基础调整、充实和优化课程设置。这就在根本上要求应用型人才培养的课程组织必须由"双师型"教师主导，因为"双师型"教师既懂理论又懂实践，或专业课教师队伍中既有专业化的理论教师，也有实践能力较强的实践教师。

"双师型"教师要对特定行业岗位所需人才所应具备的知识、能力和素质进行深度调研，对行业岗位实际工作进行深度分析，把工作分解为多项工作任务，确定完成各项工作所需要的知识、能力和素质，再据此对相关课程内容进行归类、整合、提炼,并在实践中不断检验、修订,逐渐打造成特色鲜明、适合于行业导向应用型人才培养的课程矩阵。与此同时,要遵循现代科学技术发展的基本规律,站在行业发展的前沿,预测各行业所需人才的知识、能力和素质要求,根据岗位能力的培养组织课程。同时,鉴于同一行业包括多种不同的具体工作岗位,其中的每一种工作岗位又对知识、能力和素质存在不一样的要求,这就意味着既要认真思考、梳理同一行业对人才的一般性的、共同性的基本要求,也要认真考虑某一具体工作岗位的特殊要求,积极构建基于行业导向应用型人才培养的一般性通用课程和特殊性具体岗位课程。

(三) 以行业岗位为主要平台实施课程

课程实施是将课程计划付诸实践的过程,也是课程制度化的过程,它是达到预期的课程目标的基本途径,课程教学是课程实施的主要形式,课程目标通过课程实施来实现,人才培养也要通过课程实施来达成。课程实施是课程价值释放和实现的途径,可以说,课程实施是人才培养的抓手,任何类型和层次的人才培养都离不开与之匹配的课程实施。

不同类型或层次的人才培养依凭不同的课程及其实施,而不同的课程又依凭不同的实施场域:通识课有通识课的实施场域,基础课有基础课的实施场域,专业课有专业课的实施场域,理论课有理论课的实施场域,实践课有实践课的实施场域。

基于行业导向培养应用型人才对课程设置及其实施有自己特殊的要求,而不同的课程设置及其实施场域又存在这样或那样的差异。比如,理论性课程比较适合于在课堂中实施,实践性课程比较适合于在行业岗位中实施。从应用型人才培养的课程体系或课程结构看,以实践性课程为主,理论性课程为辅,重在培养学生的技术、技能、技法、技巧等实践能力。事实表明,实践能力是在做中掌握,即所谓的"做中学"。比如,每个人都是在管理中学会管理,是在教学中学会教学,是在学习中学会学习,是在研究中学会研究,是在办学中学会办学,这正是理论与实践相结合的缘由和真谛所在。

基于行业导向培养应用型人才，就是要造就适应行业岗位发展需要的人才，就是要造就具有行业岗位能力的人才。而行业岗位能力培养的最好平台自然是行业岗位本身，即在行业岗位的实践实训中培养行业岗位能力，这就是典型的"做中学"。这一理论强调岗位平台、实践活动、学生主体和"双师型"教师，在应用型人才培养中具有不可替代的特殊地位和独特作用，总而言之，基于行业导向培养应用型人才的课程实施，必须以行业岗位为主要平台。

三、基于行业导向系统实施产教融合

（一）行业导向是产教融合的逻辑起点

思想或价值是行为的先导。一切导向首先表现为思想或价值的导向，进而以之为航向或航灯，影响或决定行为的航道。行业导向是一种思想、价值与行为选择，集中表现为以行业发展为依据，以行业岗位需要为根本，以应用型人才培养为目标，以岗位能力培养为轴心，以校企合作为条件，以产教融合为路径，最终实现学生的全面发展。

中国是世界上唯一拥有所有工业门类的国家，中国的制造业规模堪称世界第一，支撑快速发展的粗放式经济增长已到极限，因此，实现可持续发展必须完成从制造业大国向制造业强国和智造业强国的转变。而智造业强国的实现既是一个系统工程，更是一个生态工程，即不仅要求数量上的可持续增长，也要求质量上的可持续提高，更要求序量上的可持续优化。与之同时，中国发展的客观现实引发和加剧了经济、文化、科技等对人才链、教育链、创新链等前所未有的需要，尤其是对高等工程教育提出了前所未有的高标准、高水平和高质量。这意味着高等工程教育模式或应用型人才培养模式必须改革和创新，以适应中国经济社会的快速发展和巨大变革，其中基于行业导向培养应用型人才正是这一背景下的理性选择。

校企合作或产教融合是有条件的，必须站在全时空、全视域、全过程的高度理解融合与合作,即校企合作或产教融合,既需要外部环境的支撑,更要求内部环境的建设。第一,学校要加强思想认识、科学评估与选择,强化专业建设和课程建设、强化课程建设和师资队伍的"耦合式"配置、促进教学过程与生产过程的"熔接",关照企业利益需求与诉求,实现双方共同主导,实现彼此信息对称,实现双方合作同步。第二,企业要增强参与人才培养的责任、义务和使命,同时在既得利益和可持续发展之间寻找平衡点,确保校企合作或产教融合的稳定性和可持续性。第三,政府要强调有所不为和有所为,充分利用政策杠杆,发挥宏观统筹和导向作用,做好"裁判员"和"观察员"。基于行业导向的产教融合或校企合作,不仅仅是高校和企业之间的事,也是政府的事,还需要社会、行业协会等力量的融入与关照。

(二)校企合作是产教融合的基石

产教融合基于教育观念的转变,基于应用型人才培养模式的选择,更基于校企合作的理解及其相关平台的搭建。从根本上看,校企合作是产教融合的必要条件。

校企合作是学校与企业联合培养人才的方式,其是发展的,多元的,且具有典型的时空特征,即常言的历史性特征和区域性特征。也就是说,不同国家、不同地区、不同时期,校企合作的模式不尽相同。长期以来,校企合作已经形成学校引进企业模式、工学交替模式、校企互动模式、"订单式"对口合作模式等几种典型的模式。这些模式各有所长,各有优劣,适用于不同时空条件下的高校与企业合作,办学者理当从自身的实际情况出发,立足于应用型人才培养的内在逻辑,选择某种合适的校企合作模式或几种校企合作模式的组合。在新的时空背景下,必须创新校企合作机制,实现校企双赢共利、同频共振,与学生的全面发展形成"三点一线"的多赢和共赢,得到政府和社会以及学生家长的共同认可。

产教融合是基于校企合作的人才培养模式,是校企合作的进化,是深度融合的校企合作。因此,理解产教融合的本质和特征,必须抓住以下三点：第一，产教融合发生在产业、行业、企业与高校的系统关联和多向度互动中，其中高校与企业的对接是立体的、交互的、耦合的和动态的。第二，产教融合不等于产教结合，因为"结合"主要表现为一种静态的"桥接式关系"，而"融合"则主要表现为一种动态的"离合或变速箱式关系"，即要求融合的多元主体同步同频、联动反应。第三，高校和企业作为产教融合的主体是平等的，双方参与教育或人才培养都是主动的。第四，产教融合本质上是一种以产业发展需要为导向，以企业或企业群为支撑，以高校与企业联合主导人才培养为手段，实现教育与行业动态对接，面向行业第一线培养应用型人才的机制或模式，校企合作是产教融合的必要条件，也是产教融合持续、稳定、健康推进的基石。但是，产教融合并不凌驾于校企合作之上，两者之间存在交集，有各自存在自身的"地盘"和独立空间，此外，校企合作和产教融合都是系统性工程，都涉及形而上、形而中和形而下的理论、制度、机制和实践。

（三）以企育校是系统实施产教融合的关键

产教融合是产业与教育的化合，这就意味着企业的举办者与高校的举办者或者合一，或是利益直接相关。从根本上看，以企育校模式不同于高校引进企业模式、工学交替模式、校企互动模式、"订单式"对口合作模式等岗位需求导向的人才培养模式，有其独具的优势和特色：①育人主体是企业和高校双元主体；②企业与高校是密切合作、携手共进和相向而行，追求同步同频；③企业与高校的合作是一种双向的、全程的和广域的系统性合作；④企业为了"更好地反哺学校发展"；高校为了"更好地哺育企业发展"；企业与高校是一个关系共同体、利益共同体、责任共同体和命运共同体，双方恪守共商、共建和共享、共利的合作原则。

以企育校是校企合作的高级形态，汇聚了多种校企合作模式的优点和精髓，是长期校企合作智慧的结晶。也就是说，以企育校作为一种全新的提法，但其思想早就散见于学校引进企业、工学交替、校企互动、

"订单式"对口合作等之中。以企育校的灵魂在于"育"字上，即以企业的发展谋求学校的发展，哺育学校的发展，夯实学校的发展，捍卫学校的发展，提升学校的发展。企业也讲究盈利，但盈利中的相当部分用于建设和发展学校，为学校的发展、壮大和繁荣创造有利条件。从应用型人才培养的视角看，以企育校是系统实施产教融合的关键。以企育校是系统性的校企合作，学校与企业可以做到全面合作，企业可以做到将学校的发展视同企业自身的发展，企业可以做到毫无保留地、义无反顾地、责无旁贷地支持人才培养的实践实训，尤其可以为应用型人才的培养提供经验丰富、技能精湛、爱岗敬业的"双师型"师资。

第二节 民办高校应用型人才培养的实践探索

近年来，随着我国高等教育的跨越式发展，民办高校也得到前所未有的快速发展。因此，民办高校在人才培养、地方行业产业服务等方面具有重要的作用。

应用型本科院校的主要任务是培养应用型技术技能型人才，以"产教融合、校企合作"为突破口，依托所服务经济区域、企业行业的发展需求，创新人才培养模式，全面提高学校服务区域经济社会发展和创新驱动发展的能力。2018年，在西安召开的全国新建本科院校联席会议，推动新建普通本科高校向应用型转变，引导新建应用型高校紧紧围绕应用型人才培养，瞄准服务区域，加快特色发展。2021年，教育部印发《普通高等学校本科教育教学审核评估实施方案（2021—2025年）》，提供两类四种"评估套餐"供高校自主选择，其中一类面向应用型高校，突出考察高校本科人才培养目标定位、资源条件、培养过程、学生发展、教学成效等，促进该类高校聚焦应用型人才培养，服务区域经济社会发展，彰显地方特色。

由此可见，民办高校转型为应用型高校是适应经济社会发展的必然，也是贯彻国家教育方针所必需，是转型发展的必由之路。应用型人才培养既不同于以培养学术型人才为目标传统的本科教育,也不同于以培养技能型人才为目标的高职教育。应用型本科高校在重视理论学习的基础上,更加注重培养学生将理论转化为实践的能力,使学生毕业后能迅速成长为直接产生社会效益的专业性技术人才。

此处以金融学与计算机专业为例,探讨民办高校应用型人才培养的实践教学。

一、民办高校金融学专业本科应用型人才培养实践教学策略探讨

在新的时代背景下,金融学专业的学生不仅要具备基础的专业知识,还要适应新的时代背景下社会的需要,具备相应的实践技能。为此,要求高校在教授金融学知识的过程中,对教学内容进行改进与更新,重视实践教学,将培养应用型人才作为教学目标,使学生更好地适应现代社会的节奏。

(一) 金融学专业应用型人才需具备的特点

1. 较高的综合素质

高校学生在进行专业学习时,不仅对各种基础知识要进行掌握,同时还要培养自身的辩证能力、学习能力和兴趣,既要满足新的时代背景下的发展趋势,又要适应产业的发展需要。实践能力是对金融从业人员突出的操作和交易能力的检验,通过分析和研究我国金融行业发展的现状,可以得出培养应用型人才要从基层开始,这方面的人才需要对解决实际问题进行熟练掌握,并且具备较好的分析能力。

2. 具备开阔的眼界

金融全球化作为当前发展进程中的必然趋势,它涉及世界各地区和国家,因此,所有金融机构都不是独立存在的,未来世界各地的金融机构的关系会越发密切,对此,金融专业的学生应该具有广阔的国际视野。

3. 具备全面的知识

在新的时代发展的大背景环境下,金融专业的学生需具备多元化知识,具有较好的综合素养,不仅要掌握证券、保险和银行业的相关知识,还需要了解社会和心理学等方面的知识。想要成为应用型金融人才,不仅要具备专业知识还要了解相关内容的知识,更要兼具知识的平衡,其中外语能力、文献检索能力、计算机等相关知识是分析专业问题的重要手段。理解金融先进知识的前提则是管理学、经济学等知识,工程技术、自然科学和人文社会科学则是对其进行知识的查漏补缺。因此,具备全面的知识可以更好地让学生的学习需求得到满足。

(二) 培养金融学专业应用型人才的必要性

1. 互联网金融的需要

随着现代信息技术的广泛应用,如互联网、移动通信技术等,造成对传统金融模式的根本性冲击,衍生出了一种依靠互联网的新型融资模式。互联网金融的发展对传统金融行业产生了一定的冲击,使传统金融行业被迫进行改革创新。

2. 学科性质的需要

金融学是一门应用性很强的综合学科,需要对人才进行理论、实践和技能的培养。对于现代信息与网络技术在金融行业的大范围使用,需在现代技术条件下的金融产品悄然诞生。金融产品对技术的要求越来越高使得实际操作也提高。随着金融的发展,将金融理论从宏观转为微观,进行金融行为与市场细分的研究探索。金融课程有着可操作和实践性,所以在教授金融学时需要突出实践环节,展示出学科的内涵和逻辑,对传统的实践教学发展产生重视,从而保证实践教学具有扎实的效果。

3. 满足社会的需要

当今社会,行业发展越快,对相应的人才就提出了不同的要求,填补社会的需求。类型、层次以及特殊的人才可以满足市场的不同需求,在这个基础上,高校要将金融人才培养与市场实际需求相结合,并以此为基础培养人才。高校利用自己的条件、学生数和质量以及办学水平等,以综合型人才的培养为目的是理智的选择。在对综合型人才的培养过程中,不仅要对理论的掌握进行重视,而且也要重视实践和创新方面。通过利用改革后的教学方式,进行实践教学的开展成为目标的实现是最有利的方法与手段。

4. 提升学生实践操作能力的需要

高校在进行金融实践改革时,不仅对行业的发展需求进行满足,而且更好地填补了传统金融课堂中存在的不足之处,从一定意义上来说,充分调动了学生学习的积极性,将学生的主观能动性与学习激情充分激发出来。通过对金融实践进行教学,可以使学生的实践操作能力得到加强,使学生的理论运用能力不断提高,让学生熟练掌握金融学的基础部分。除此之外,利用实践教学的开设,对学生的创新思维进行不断的锻炼与提高,开拓学生的视野,增加实践经验,有利于对学生已经学习的知识理论进行测试,帮助学生找出不足,并督促他们改正,因此,挖掘教材中的知识,不断提高学生专业素质,对提高学生综合实力起着重要作用。

(三) 应用型人才培养策略

1. 发挥第二课堂作用

除基础教学外,高校也应该将第二课堂的作用发挥出来,使第一课堂可以和第二课堂更好地结合,具体可以从下面几个方面着手:一是组织学生举办读书报告和交流会,可以让学术气氛更加活跃,进而提高学生参加的积极性。二是积极组织各类行业比赛。比如金融投资可以进行模拟比赛,锻炼学生的实际交易能力与分析能力。三是创办金融期刊。金融专业学生可以独立创作财经杂志、报纸,关注各种财经事务,培养学生写作和采访能力,提高学生的编辑实力。除此之外,高校要进一步完善激励制度,形成学分制,激励学生积极参加各项科研项目,利用学分奖励与基金奖励,对专业的学习进行专项指导,激励学生积极参加各类金融竞赛和创新竞赛,进一步提高金融实践教学的效果。

2. 打造资深师资力量

教师作为组织教学活动的主体,对实践教学质量的提高依靠综合素质高的实践教学队伍。一是聘请校外的专业人员举办讲座。情况允许的条件下,可以邀请从事金融方面行业的专业人士作为指导实践的教师,提高教师的整体水平,在对学生的实践操作进行指导时,可以安排其他教师旁听,增强教师的教学能力和效果。二是安排教师去相关机构单位学习或者上研讨课进行深入学习,使教师在金融方面的实践教学质量进行提高,使教师充分理解实践教学方面的知识,可以对学生进行更好的指导,以提高教师实践教学的能力水平。只有具备专业程度强、教学水平高的教师队伍,才能使学生对实践教学的重要性与作用具有一个深刻的理解,使实践教学手段多样化,对教学的质量进行提高,为具备高素质的综合型应用人才的培养提供必要条件。

3. 对课程内容加以改变与创造

当今社会,高校在金融专业的实践教学的转变过程中,教师应该对于角色的转变持积极态度,重视对学生实践操作能力的培养。在高校进行金融专业的实践教学的整体规划方面上看,将实践教学模块归入高校的实践教学内容的改变与创造中,对金融专业的实践教学方面的人才培养进行不断的完善与改革。根据高校的总体教学规划,对金融专业的学生在实践与理论基础上的结合进行不断的推进,将学生为本作为新的教学理念,将学生的实践操作能力的培养作为重难点,始终将培养综合型人才作为目标,提高高校学生的专业素质。

4. 增强校企合作

高校作为人才培养的主要阵地,企业则是锻炼学生的实践能力的主力军,实践基地连接着学校与社会,是高校学生走出校园走入社会的重要环节。高校要加强和金融企业之间的交流、合作,加大校企合作力度，使学生的实习岗位实现多样化。一是加强校外实践基地建设，为学生在金融机构的学习实践创造机会。努力与各类金融机构建立起合作关系，建立稳定的实践基地。组织学生在实践基地实习，学生不但可以对这些金融机构的业务运作流程熟悉和掌握，而且可以让学生提前熟悉并适应工作环境，为今后的就业打基础。二是争取相关金融部门的支持。相关部门可以为学生提供一些参加当地金融数据的统计分析的实习工作机会，让学生对当地经济发展的情况有所了解。此外，一部分研究协会与政策研究部门可以为学生提供参与研究项目的机会，为学生提供最新行业趋势、法律法规和监管信息，使学生能够运用自己的专业知识解决实际的经济和金融问题，这些实践练习将大大提高学生的应用水平和实践水平。

5. 建立健全考核制度

一个好的制度和运行机制，必须有相对应的考核机制作为支撑。在整个实践教学机制中，不论是对教师的评价还是对学生评价，都应该做出相应的调整。

教师方面，为了提高实践教学效果，实现培养应用型人才的目标，还必须对实践教学质量进行控制。一是建立健全实践教学中各个环节管理制度，规范师生行为。二是安排督导组定期对课堂教学效果和学生的学习情况进行检查，及时提出师生教与学的改进方法，加强对实践教学过程管理。三是建立科学实践教学评价指标体系，包括对学生学习质量与教师教学质量的评价指标体系。

对学生尤其是针对校外实习的学生而言，在教师无法全程跟踪考核的情况下，将考核交于企业的负责人，对学生在实习时的学习情况、掌握业务情况和日常的表现进行考核，并将实习结果记入学分绩点。与此同时，为了更好控制实习的效果，无论是由学校统一安排还是自由选择实习单位的学生，都要提交一份实习报告、企业实习成果的评估材料以及每天的实习日志。

6. 加大对实验室设备投入

为了达到金融实践教学的预期效果，必须加大财政投入力度。一是要对金融实验室的建设进行完善，合理利用金融实验室实行实验教学。因此，有必要建设一个演练和模拟操作结合，集银行、外汇、保险、证券和期货等业务于一体的综合金融实验室，做到教学、实践和科研于一体。二是加大实验训练设备与模拟软件操作软件的投入。金融业务的不断创新，要不断更新设备和软件，及时引入新操作系统，确保实验培训课程与金融业发展实际情况相符合。

在新的时代背景下，为了适应经济发展要求，高校的金融专业应该以综合型应用人才的培养为目标，对学生的综合实力进行不断的提高。同时，也要克服在培养应用型人才的过程中遇到的问题，通过增设第二课堂、打造资深师资力量、转变教师教学观念、创新课程内容、增强校企合作、建立健全考核制度、加大对实验室设备投入等方式提高金融专业人才的综合素质，使他们成为金融专业方面的高素质人才。

二、民办高校计算机应用型人才培养实践教学模式实施方案

在计算机实践教学中，主要以动手实践为切入点，以任务驱动方式进行实例讲授。在实践教学中通过基于网络教学平台的使用，精讲多练，以学生在课程中探索式、主观式地学习为主，以网站答疑讨论为辅，试题库在线测验为补充的教学模式。

(一)"任务驱动""实例讲授"

"任务驱动""实例讲授"教学模式是打破程序设计类课程一贯采用的"语法"教学模式，在上课前先给每个学生布置"任务"，以"任务驱动"方式引导学生学习。"任务"力求既结合实际，又能涵盖课程教学的要求。教师提出学生自学和开发、研究的进度，设计教学进程，让学生在课题开发的过程中利用在线学习平台学习基础理论和软件开发的思路与方法，其成绩记入操作设计分。以"实例"为主线展开，重在分

析算法设计、数据组织、编程思路，以培养学生创新能力和研究能力，同时讲授所涉及的知识点。通过实例开发掌握 C 语言的语法、语句这些措施有效地提高了学生学习的积极性，将学生从枯燥的语法中解脱出来，使学生有了自信和成就感。

（二）"精讲多练"的实施

教师主要做入门性的、重点的、带有启发性的讲授，强调自学能力的培养，指导学生通过自己看书、在网络教学平台上用多媒体课件或其他各种学习资料进行自学，大部分学时进行上机实验教学，充分利用上机练习等掌握所学的内容。

（三）实践课跟踪学生

在上机教学时，每个学生固定一台计算机，授课教师进行跟踪辅导，根据学生上机操作的情况，了解学生对课程学习的进度和深度，为每个学生的实践完成情况进行课堂打分，记入学生平时成绩。

（四）构建计算机课程资源共享课网站

计算机教师按照顾所教授的学科组成团队，建立相应计算机课程教学网站，网站中主要包含以下几部分内容：课程共享资源（课程 PPT、课程习题、课程视频等）的展示与下载，在线学习平台（设置相应章节习题、综合习题）、辅导答疑论坛、在线练习与在线考试试题库等。在网站的辅导答疑论坛，安排一到多名教师主持，负责解答学生提出的各种问题，根据学生在答疑论坛发表见解的次数和见解深度，给学生打分，并记入平时成绩中。教师在辅导答疑论坛上解答问题和给学生打分的次数软件自动记录在案，同教师的工作量挂钩。学生最终的学习成绩由在线测验分、答疑讨论分、课堂表现分、上机操作实践期末考试，按照一定的权重构成。

第六章　民办高校应用型人才培养的目标与改进

第一节　应用技术型人才培养目标的理论概述与确立

一、应用技术型民办高校与人才培养目标理论概述

人才培养目标是所有高校教育活动的始发原点和最终归宿，它的确立受到高校所实施的教育类型、高校自身类型定位以及社会人才需求等多重因素的影响。

（一）教育分类理论

"自有人生，便有教育。"作为古老的人类活动，教育在其漫长的发展演变过程中形成了多种不同形式，依据不同的标准，对教育分类的方式和结果也有较大差异。如常见的可从存在时间、运行空间、教育对象、教学内容等多个层面进行分类。教育的发展致使其形式多样，多样化的分类又进一步促使教育研究与实践向前发展。

作为人类社会活动而存在的教育受多重因素的影响，尤其是现代意义上的教育，素有广义与狭义之分，根据不同的标准更可划分为不同的教育类型。人们生活中常见的教育划分方式主要有以下几种：①从存在方式上看有制度化教育和非制度化教育。制度化教育是指由专门的组织机构运行的教育形态，即今天所说的学校教育；非制度化教育是尚未从生产、生活中分离出来的教育形式。②从运行空间上可划分为家庭教育、学校教育和社会教育，这种划分是根据教育活动开展时在所处的主要场所不同。③根据教育对象可分为儿童教育、青少年教育、成人教

育、老年教育等。④按受教育程度又可从纵向上分为学前教育、初等教育、中等教育和高等教育，我国现行的学校教育制度基本以此划分。⑤根据教育性质还可分为普通教育、专业教育和特殊教育。综上可知，这些较为常见与通用的划分方式依据的是教育发展过程中所体现出来关键特征，分类的角度与目的也各不相同。

国内较为典型的教育类型划分为学术教育、工程教育、技术教育和职业教育，它们分别对应着四种不同的人才培养类型。学术教育以学科体系为基础，专注于科学规律和哲学理论的探讨，工程教育的侧重点在于上述理论的应用，技术教育强调理论和实践的结合，而职业教育着眼于技能的培养和实际行动。

（二）人才分类理论

人才既是重要的社会资源，也是社会经济发展的不竭动力。人才类型的划分亦可有多重标准，有依据职业特点的划分，也有根据心理特征的分类，既可按照知识结构来分，又可根据思维特点来划，在我国还诞生了一门专以人才为研究对象的人才学。但是，与教育分类相对应的划分方式一般将其知能结构与职业特点进行综合考虑，现就国内形成的几种具有代表性意义的人才类型划分方式做如下简要概述。

1. 基于工作过程的人才分类

以人类生产活动领域和工作过程为基础的人才分类方式与上述四种教育类型一脉相承。学术型人才亦称科学型或理论型人才，是专注于研究基本原理、发现客观规律的那部分人，所对应的职业分类大体为科学研究人员；工程型人才主要是负责项目的设计、规划、决策等任务，所对应的职业分类应为工程技术人员；技术型人才是将工程型人才的设计、规划、决策等转换成为物质形态的中间型人才；技能型人才则是直接位于工作现场从事生产操作或提供服务的那部分群体。此类人才划分方式在我国职业教育领域获得了广泛认同，沿用至今。

2. 基于知能结构的人才分类

有学者从人才知识与技能结构比例的视角提出了知识型（A类）、

知识技能型（B类）、技能知识型（C类）、技能型（D类）人才和相应的教育分类方法。该分类法虽然也有技能型人才一类，但与之前不同的是其把技能限定在动作领域，而把"心智技能"划归到程序性知识当中。因此，在该分类法当中认为A类人才主要是脑力劳动者，理论性知识在其素质结构中占大部分比例；B、C两类人才属于过渡性人才，知识和技能都占据了较大比重，前者主要是技术员一类，知识素质比重更大，后者属于技术工人类，操作技能占更大比例。D类人才是特殊技能人才范畴，例如，竞技体育和杂技表演人才，他们展现的是无须通过中介工具的身体感官技能。这一分类法实际上仍以人才的职能结构为基础，其划分标准也略显单一。

通过上述梳理可以发现，首先，高校与教育虽密不可分，但二者各自的划分标准不一，两者的划分不宜完全等同。其次，不同的机构或学者对高校分类、教育分类和人才分类的标准有很大差异。因此，需要基于人才培养类型对高校及其办学进行重新定位、分类指导，以促进不同高校间的协同发展，满足社会多元化的教育需求和多样化的人才需求。

（三）人才培养目标

人才培养目标也称教育目标，指各级各类高校、各专业的具体培养要求。它是在国家教育方针和教育目的的指导下，各级各类高校、各专业依据实际情况而制定的预期人才培养标准，一定程度上反映着所培养的人才在类型、层次、职业岗位和具体规格等方面的要求。人才培养目标的确立不仅对一所高校和某个专业的人才培养具有方向性的意义，在某种程度上说更存在着承上启下的作用。往上看，它必须体现出国家教育方针中所指明的总体发展方向，同时也要符合教育目的当中对人才培养规定的根本性要求。向下看，它不仅为课程目标的确立提供了相应的参考，同时也为教学目标的定位和教学过程的实施指明了方向。人才培养目标是教育目的的具体化，而课程目标和教学目标又是实现培养目标过程的具体化，因此说它具有承上启下的重要作用。不同的高校所肩负的人才培养任务有所区别，因而人才培养目标的制定不仅要依据一定的社会经济发展状况与文化背景,更需要考虑每一类高校所处的层级与位置,应用技术型民办高校的人才培养目标既要符合高等教育层次上的要求又要体现职业教育类型上的差异。

二、我国应用技术型民办高校人才培养目标的确立

应用技术型民办高校作为我国新兴的高等教育机构类型之一,它与我国技术经济的发展及社会人才需求的变化有着千丝万缕的联系,与学术研究型高校和专科高等职业学院有着不同的具体内涵和类型特征。这也使得其人才培养目标有别于学术研究型高校、工程应用型高校以及专科高等职业学院。

(一) 应用技术型民办高校人才培养目标的内涵

明晰应用技术型民办高校的人才培养目标——"应用技术人才"的内涵是厘清其与传统学术型、工程型高校以及专科高职学院培养目标界限的基础,也是进一步定位其层次、类型和具体培养规格的前提。而要正确理解"应用技术人才"的内涵,首先须对关键词"人才"和"应用技术"有一个清晰的认识,进而才能对应用技术型民办高校的人才培养目标做出明确界定。

1. 应用技术的解析

"应用"一词在《现代汉语词典》中有两个解释:一是作为动词,其意为使用、运用;二是作为形容词,表示某种事物的属性,比如应用科学、应用卫星。这两个解释之间显然存在着一种正是由于经过前者作为动词的过程才产生了后者作为属性结果的前后因果关系。例如,应用逻辑就是将纯逻辑发现的一套纯抽象的方法适合于展现一定范围内专门论题具体问题;应用数学主要解决在物理学、生命科学、工程和技术等人类涉及领域一切能用数学来分析和求解的问题;应用心理学研究的是如何将科学心理学的发现和方法应用于解决人类行为的实际问题。对于核心词"技术",鉴于将在后文展开具体讨论,在此不做赘述,但须指明的是,"应用技术"中的"技术"是英文"Technology"或德文

"Technologie"的意涵，指的是原理性的技术，而非"Technique"或"Technik"等过程性的技术，人们质疑"技术"本就是"应用"实质上是指后者狭义上的技术，所以，"应用技术"的提法既符合中文表面字义的语言规范，也符合"大技术观"的内在要求。"应用技术"重在强调对技术原理的应用能力，即能够将某一技术原理或方法适当地展现在特定领域，用以解决人类生产、生活中具体问题的能力，此过程体现的是人才技术发展过程中的主观能动性。

2. 应用技术人才

综合上述内容可知，应用技术型民办高校的培养目标"应用技术人才"既可称之为"人才"也必须具备"才"与"德"两个基本条件。具体而言，"才"指的是拥有技术应用能力的特长，"德"则需具备较高的道德素质，能够在工作岗位上为社会创造价值、做出贡献。现实中由于人们对人才的理解见仁见智，而"应用技术"的提法更加令人生议，故而关于"应用技术人才"的整体概念至今尚未形成一个明确统一的界定，因而也难以对其具体内涵做出详尽的解析。本书依据前人的学理研究和实践探索，结合对"人才"及"应用技术"的理解，试图将"应用技术人才"界定为掌握一定技术理论知识，具备相应技术操作能力，善于将理论知识转化成客观行动，能够解决生产服务中所遇到的技术问题，为社会发展创造价值、做出贡献的群体。并且认为历来不同文献中提出的"应用技术性"或"技术应用性"和"应用技术型""技术应用型"人才与此并无本质区别，所强调的都是培养目标中对技术的应用能力。它既是应用型人才的一种，又是技术型人才的一类，与传统四大人才分类中的科学型、工程型人才以及技能型人才之间既有本质区别又有密切联系。

(二)应用技术型民办高校人才培养目标的边界

本书根据我国高等教育的现实状况，借鉴国际经验，以"人才四分法"为基础，同时结合国家政策文件中的导向，将我国高等教育机构分为四类：科学理论型、工程应用型、应用技术型和专科高职学院。其中科学理论型是指国内传统的综合性重点高校，它通常以系统的学科为架构，培养探求基本原理、发现客观规律的学术研究型人才。综合性高校与其他三类高校人才培养目标之间有较为明显的界限，重点在于厘清应用技术型民办高校与工程应用型高校及专科高职学院人才培养目标之间的区别和联系。

1. 应用技术型民办高校与工程应用型高校培养目标的区别

基于上述对于"技术"与"工程"关系的认识，二者间既有一定联系又相互区别，以"技术教育"为主的应用技术型民办高校和以"工程教育"为主的工程应用型高校间的人才培养目标也存在区别。工程应用型高校主要是传统的工科类高校，此类高校开展的是高等工程教育，其人才培养目标是从事工程设计与研发的工程型（设计型、规划型）人才。从职业带理论中也可发现，这类人才对应的具体职业为专业工程师，例如土木工程师、造价工程师、网络工程师等，他们的主要工作内容是综合运用科学原理和技术知识，并将其应用到与人类密切相关的生产生活中。转型发展中的应用技术型民办高校则主要开展高等技术教育，其人才培养目标为从事技术运用与管理的应用技术人才，这类人才对应的具体职业为技术类人员。从工作内容上看，工程应用型高校的人才培养目标以科学原理为基础，负责产品（或项目）整体上的规划、设计和决策，以全局性思维进行工程的构想与创造活动；而应用技术型民办高校的培养目标则以技术原理为支撑，负责工艺的实施和解决产品运行过程中遇到的工具（策略）性问题，以工具性思维进行技术革新与创新活动。

2. 应用技术型民办高校与专科高职学院培养目标的关系

我国专科高等职业学院的人才培养目标经历了一个漫长而又多变的历史演进过程，从最初的"技术型人才"到"高技能人才"再到如今的"高素质技术技能人才"。一直以来，由于这类人才主要位于生产服务的一线岗位，直接从事现场操作或提供服务，他们在工作过程中主要运用的是自己的身体技能或说经验性技术，因此又被称作"技能型"人才。

但通过前文对"技术"和"技能"关系的解析,如果将中职和专科高职的培养目标定位在"技能型"人才就会造成技术和技能间的层次关系,并且技能的存在具有普遍性,无论是科学实验、工程设计、教育教学都需要相应的技能。因此,本书将专科高等职业学院的人才培养目标称为技术操作型人才,与应用技术型民办高校的人才培养目标类似,他们培养的也属于技术类人员,但由于二者存在专科与本科的层次关系,所以专科高等职业学院培养的是初级技术员。从知能结构及其获取方式来看,专科高职学院的培养目标更偏向于操作技能,其获取方式是一个自下而上、反复训练、归纳、经验的过程;而应用技术型民办高校的培养目标更偏向于理论知识,其获取方式是自上而下、不断应用、演绎、迁移的过程。

综合上述分析,应用技术型民办高校与工程应用型高校的人才培养目标属于同一层次不同类型,前者倾向于技术工具,后者侧重于全局思维;与专科高职学院的培养目标属于同一类型但不同层次,前者为本科层级,后者是专科层次。

(三) 应用技术型民办高校人才培养目标的特征

应用技术型民办高校是在我国经济转型发展、高等教育大众化等背景下提出来重新定位和转轨的一类高等教育机构,它与普通高校同位于本科高等教育级别,与专科高职学院同属于职业教育类型。因此,其人才培养目标与这两类院校相比既要体现"高"的特点,同时还要突出"专"的特色。具体来说,其"高"体现在对技术的应用能力与创新意识上,其"专"表现为工作内容的技术性和面临工作岗位的行业性。

1. 突出应用能力

应用能力的培养是对应用技术型民办高校培养目标的基本要求。所谓应用乃是指将所学到的理论知识转化到生产生活当中,用以指导人们生产实践,改造世界的一个过程。如前所述,之所以称为"应用技术人才",是因为它首先归于应用型人才,进而突出技术性,以区别于综合性高校理论型(学术型)人才的培养目标。应用技术型民办高校人才培养目标的应用能力主要体现在对于工程知识和技术原理的应用上，他们主要的工作内容也体现在这两方面：一是结合工程原理将工程型人才的设计意图转化为实际生产力，从而缩短科研成果转化时间、提高成果转换率；二是运用技术原理（行动策略）指导技术员和技术工人（办事员）改进生产流程或解决生产过程中遇到的技术（方法）性难题，提升工作效率，从而保障生产的顺利进行和方案的有效实施。

2. 强调创新意识

具备一定的技术创新意识是对应用技术型民办高校培养目标的具体要求。应用技术型民办高校的人才培养目标是面向生产、管理和服务一线的应用技术人才，随着科学技术的发展进步和知识经济的异军突起，这些岗位对从业者能力的要求不仅仅是继承性的操作和运用，还需具备一定革新意识和创新能力。应用技术型民办高校培养目标的能力结构是技术实践能力、岗位迁移能力和技术创新能力的统一，应用技术人才的"应用性"是创造性应用，不仅是对现有知识、技术、方法的应用，而且是通过不断学习新知识、新技术、新方法，创造性地分析新情况，解决新问题。国际同类高校对此也都非常重视，通过让学生参加技术开发和应用型项目研究来培养和发展他们的创新意识、创新能力。

3. 体现技术特点

体现技术特点是对应用技术型民办高校培养目标的内在要求。从本质上看，应用技术型民办高校所培养的人才类型仍属于传统"人才四分法"中的"技术型"人才，因此其培养内容和在实际岗位中发挥的作用主要为技术层面的。培养的内容上，由于应用技术人才强调的是对技术原理的应用能力，其教学和学习的内容需以技术理论为主，但其课程设置又有别于学术型教育，培养重心在于理论的应用和实践。从未来工作岗位上看，应用技术型民办高校的人才培养目标定位在"技术师"或"工程技术师"（副工程师），他们的主要工作是对生产技术系统的监控与维护，协助专业工程师、指导技术员去"发现、分析和解决综合性广义的技术实践问题，在服务领域则表现为运用专门知识与技术向顾客提供全面或综合性服务"。因而应用技术型民办高校人才培养目标定位充分体现了其技术性的特点。

4. 彰显行业特色

彰显行业特色是对应用技术型民办高校培养目标的方向性要求。应用技术型民办高校属于本科层次的高等职业教育机构，而高等教育本就是建立在普通教育基础上的专业性教育，以培养各种专门人才为目标，因而其人才培养目标的专业性映射到工作岗位中便体现为行业性，这也是应用技术型民办高校与专科高职学院人才培养目标之间的区别。后者的人才培养目标直接面向某一技术工作岗位，工作内容的变动性较小，而应用技术型民办高校的人才培养目标则面向某一行业领域，工作内容的变动性较大。此外，应用技术型民办高校是与地方产业结构、经济结构紧密联系的高等教育机构，其人才培养以当地产业为依据、以专业为单位，因此，将高等职业教育的专业性对应到产业当中则表现为人才工作岗位的行业性。最后，应用技术型民办高校的人才培养目标是特定行业领域的技术专家，这既是高等职业教育人才培养目标专业性的体现，也是应用技术型民办高校人才培养的方向所指。

第二节　应用技术型人才培养目标的定位

合理地定位应用技术型民办高校的人才培养目标是其专业设置、课程设计和有效开展教学工作的前提，同时也是具体确立课程目标和教学目标的基础。应用技术型民办高校人才培养目标的定位既要遵循教育和人才成长的规律也要考虑社会对人才的需求，既要从整体分类、分层的维度进行考虑，又要从具体的知识要素、能力结构和道德要求上明确培养规格。

一、目标定位原则

在对应用技术型民办高校人才培养目标进行定位时，一方面要全面考虑社会经济发展对人才的需求，另一方面也要充分尊重学生个人身心健全发展的内在需要，同时还要认清应用技术型民办高校目前存在的实际状况，因此人才培养目标的定位应遵循适应需求、全面发展、整体相关与切合实际四个基本原则。

（一）适应需求原则

适应需求原则是指应用技术型民办高校的人才培养目标要面向地方经济发展的需要。社会的发展离不开人才资源的有力支撑，但受产业结构和发展水平的影响，社会对人才的需求在不同的发展阶段会有调整变化，一是在人才总量上的差别，二是在层次和类型上的差异。发展应用技术型高校必须清楚地认识到，引导部分地方本科民办高校向应用型（含应用技术型）转变的举措是基于当前我国高等教育的人才培养结构难以适应社会经济发展方式转变和产业结构调整对人才的需求而提出来的。我国幅员辽阔，不同地域、不同省份之间的经济发展水平和主要产业结构有较大差异，有些省份工业化程度较高，而一些省份以农牧业为主。因此，以地方本科院校为主体的应用技术型民办高校，其人才培养目标的定位要符合教育政策和当前社会建设、经济发展对人才的需求。

（二）全面发展原则

应用技术型民办高校培养目标定位既要考虑学生职业生涯长远规划也要注重其身心健康发展。随着科技水平的不断提升和社会生产的日益复杂化，现代社会对人才不仅仅是专业技能方面的需求，而更加注重个人的环境适应能力和对新知识的学习能力。21世纪的教育应该使人"学会求知，学会做事，学会共处，学会做人"。此外，相对于学生的专业技能，企业用人单位更加看重学生的道德品行，所以，应用技术型民办高校人才的培养不仅要发展学生的专业技术能力，也要在提升其综合素质与加强职业道德教育方面下功夫。

（三）整体相关原则

整体相关原则是指应用技术型民办高校人才培养目标的定位既要从

第六章 民办高校应用型人才培养的目标与改进

社会大系统的整体视角出发，也要从人才结构和教育结构的层次性、类型性方面进行考虑。首先，应用技术型民办高校作为社会大系统和教育系统中的一个子系统，其人才培养目标的定位不能只孤立地看到自身的生存处境，要从社会经济、科技和教育变迁的整体性视角做全方位的分析。所以，如前所述，应用技术型民办高校人才培养目标的定位首先要从整体上符合经济社会发展对不同人才结构的需求。其次，随着技术的发展进步，社会对人才各方面素质的要求也有变化，加之教育对人才的培养具有周期性。因此，应用技术型民办高校的人才培养定位要充分考虑当前和未来一段时期内技术的走向，从而培养出契合技术发展需求的合格人才。此外，应用技术型民办高校和其他类型的高校之间是一种分工协作的关系，共同为社会发展培养不同的人才，从而为社会大系统的正常运转提供人才保障。因而，应用技术型民办高校人才培养目标的定位要考虑其他不同类型高校的人才培养状况，从而准确定位自身在教育系统和高校系统中的层级位置，科学定位自己的人才培养目标。

（四）切合实际原则

切合实际原则是指在定位应用技术型民办高校人才培养目标时除了要从社会需求、学生学院等方面考虑外，还要充分审视高校自身所处的现实状况，如拥有的师资、教学设备等办学条件。合理可行的目标定位是其能够得以实现的基础和前提条件，定位在本科层次高等职业教育的应用技术型民办高校，其人才培养目标的定位应根据其现有的资源条件量力而行，从而使教育资源得到最优化的配置。应用技术型民办高校多是由地方本科院校转型发展而来的，而地方本科院校大多数又是在专科高等职业学院建制的基础上重组升格而成，它们的研究型师资力量相对薄弱，实践能力又较强于传统研究型本科，但多年来其学科和专业的建设又走的是综合型高校的发展套路，此外，各学校间的办学历史和文化积淀也各不相同。这一系列现实问题必须成为在制定应用技术型民办高校人才培养目标和培养计划时要充分考虑的因素。

二、目标定位方法

合理的目标定位是应用技术型民办高校开展人才培养的关键。那么如何判断应用技术型民办高校人才培养目标的合理性以及如何具体地制定出应用技术型民办高校的人才培养目标，本书根据上述人才培养目标定位应遵循的几大原则并结合实际操作流程，提出应用技术型民办高校人才培养目标定位的"四步方略"。

（一）确定需求

确定需求对应上述第一个原则。应用技术型民办高校是高等教育形式，其中一大职能定位就是社会服务，所以对其人才培养目标定位的第一步就是要开展广泛的社会人才需求调研，以确定社会对不同人才类型、层次的需求和具体规格的要求。我国目前紧缺高层次高素质"创新型、复合型、技术型、应用型和技术技能型"人才，但具体培养哪些人才需求应进一步结合高校现实状况进行深入分析。

（二）审视资源

审视资源对应上述后两个原则。所谓审视资源是指对应用技术型民办高校所处环境和拥有的教育资源进行扫描。对自身情况的判断是一种"内省"，对高校所处环境的扫描和辨析则是一种"外视"，尽管"转型发展"是在当前我国人才供需出现了结构性矛盾的基础上，在政府相关政策的引导下进行的，但具体的人才培养目标定位还是要结合高校自身的发展现状来进行。所以，人才培养目标定位的第二步就是要在足够了解社会人才需求的基础上，对目前这类高校的区域分布、办学历史、现有资源等情况进行分析，从而对应用技术型民办高校目前人才培养的实力有一个基本判断。审视资源的目的就是了解这类高校的办学历史、办学特色，充分发挥其原有优势，在充分利用、整合、吸收现有资源的情况下，合理定位他们人才培养目标的类型、层次和具体规格标准。

（三）整合差距

整合差距是指在分析社会人才需求和应用技术型民办高校现实情况

的基础上,将不同学者理想中的目标定位与之对比,看二者是否契合,如果存在较大差距就要做出适当调整、弥合差距。多数研究者将应用技术型民办高校(应用技术高校)的人才培养目标确立为"应用技术型"或"技术应用型"人才,但对与这类人才在知识、能力等方面所要达到的具体标准可谓是仁者见仁智者见智。如有的学者认为应用技术型民办高校的人才培养目标在知识结构上应具有深厚的专业理论知识,而部分学者认为他们的理论知识只需够用即可,重要的是掌握"应用性"和"实践性"的知识。在能力培养方面,有人提出本科层次职业教育培养的人才既要具备系列综合性认知和实践技能,又要具备创造性地分析和解决问题的能力。还有的研究者认为地方高校转型后培养的人才既要能用相关理论解决实际问题,达到"应用"的要求,又要具有相应工作的操作能力,达到"技术"的要求。上述观点从不同角度来审视都有各自的道理,但如果结合地方本科院校的实际情况来看,它们所培养的人才是否能够达到这些要求尚值得商榷。

(四)合理定位

合理定位是指在完成上述三步工作之后对应用技术型民办高校人才培养的总体目标与具体规格做出合理判断。高校人才培养目标定位涉及多个利益相关者,不同层次的培养目标定位表述也不一致,既包括大如国家政策层面对各级各类教育培养目标总的规定,也包括如某所高校某一专业具体的人才培养标准和未来就业的岗位方向。介于此处研究的是中观层面某一类高校的人才培养目标,故而需重点考虑学校的实际和社会用人单位对此类高校培养目标的期待。一是根据应用技术型民办高校在高等教育系统中的位置和任务,确立其人才培养的总体目标,包括明确目标的具体内涵以及它与其他类型高校人才培养目标的区别。二是结合应用技术型民办高校的现实状况和社会需求对其人才培养的总体目标进行定位,包括培养目标的类型、层次、能力和职业等内容。三是参考相关理论依据和成型的国内外典型经验以及有关国际标准,将应用技术型民办高校人才培养目标细化为培养规格,从其知识、能力和德行三个维度做出详细描述。最终实现对应用技术型民办高校人才培养目标的合理定位，促进相关高校与地区经济的协调发展。

三、总体目标定位

人的身心发展具有阶段性和多样性的特征，社会历史的发展亦是一个递进式与渐进性的过程，而社会行业分工更是纷繁百态。因此，社会对人才的需求既有类型结构的区别又有层次结构上的差异，更有不同能力方面的要求，这就需要不同类型高校之间分工协作，为社会培养不同的人才，从而促进整个社会大系统的协调运转。

（一）目标的类型定位

类型是指具有相同或相似属性特征的事物形成的种类。关于类型的划分，最早源于生物学和考古学领域，在生物学中称为分类学（亦称系统学），考古学中叫类型学（也叫标型学）。应用技术型民办高校人才培养目标的类型定位就是对其所培养人才属性的划分，人才类型的划分涉及多个领域，依据不同的标准可划分出多种类型。从哲学层面来看，人类自其诞生以来无非从事着两项活动：认识世界和改造世界，因而社会中的人才亦可据此划分为两大类：一是认识世界的学术理论型人才，他们是通过理性思辨去探索和发现客观规律的那部分群体，对应的职业是科学家，由科学教育来培养；二是改造世界的应用型人才，他们是将客观规律运用到生活实际去生产和创造新事物的人，对应的职业如工程师、技术师和技术工人等，分别由工程教育、技术教育和职业教育来培养。所以，应用技术型民办高校的人才培养目标属于改造世界的应用型人才，从科学、工程和技术三个领域的划分角度来看它还属于技术型人才。

（二）目标的层次定位

层次是指同一类事物在大小、高低方面纵向上的差别。培养目标的层次定位主要反映在同一类教育中对不同层级学生能力要求上的差异。例如，我国高等教育分为专科、本科和研究生三个层次，研究生层次还可细分为硕士与博士两个水平,不同层次的教育对学生所要达到的目标不一样。对于理论知识,专科水平是基本掌握,本科水平则要系统掌握,硕士层次则需要掌握"坚实的基础理论和系统的专业知识",博士的要求是"坚实宽广的基础理论、系统深入的专业知识",应用技术型民办高校的人才培养目标应以本科水平为主。本科层次教育在修业年限、培养方式、培养规格方面都有其内在的规定性,所以开展本科层次职业教育的应用技术型民办高校也应在这几方面达到相应的标准。当然,有基础、有能力、有条件的院校也可以适当开设部分专业学位研究生层次的招生专业,但仍须以本科学历层次和学士学位层级的培养目标为主体。

(三)目标的能职定位

培养目标的能职定位是指对培养目标未来职业和岗位职责的预期标准,也是培养方案中对人才培养目标总的描述。人类社会是一个纷繁复杂的大系统,其职业分类和人才需求呈现出多样化的特点,只有各类职业和各种人才之间分工协作才能维持它的正常运转,因此,不同层次、类型高校的人才培养目标需要在能职定位上有所区分。在当今世界,技术变成了一项复杂的社会事业,不仅包括研究、设计和技巧,还涉及财政、制造、管理、劳工、营销和维修,所以,在大技术观视野下,应用技术型民办高校的人才培养目标可定位在社会生产、管理、服务中所有领域。

四、具体规格定位

人才培养规格是培养目标的具体化,是高校对所培养的人才在知识、能力和品格等方面要达到的具体标准,也只有将笼统的人才培养目标细化为具体规格才具备实现的可能性。结合学者对培养规格构成要素的分析,将应用技术型民办高校的人才培养规格从知识要素、能力结构和德行要求三个维度进行描述。

（一）知识要素

知识是人类对自然认识的记录，是人们对社会历史经验的总结，因此，本书仅将知识的范畴界定在理论认知层面。依据不同的划分标准，知识亦可被分为多种类型，从其性质上看，可分为陈述性知识、程序性知识和条件性知识，通俗而言就是解释"是什么"、解决"怎么做"和弄清"为什么"的三类知识。就此层面来看，应用技术型民办高校人才培养目标应当是对三类知识都有所涉猎，而重点掌握第三类"条件性知识"，用以解决的是"何时""何地""为何"而"如何"的问题。按其作用来划分，知识可分为通识性知识和专业性知识两大类，通识性知识包括工具性知识和基础文化知识，专业性知识则包括相关的专业理论知识的和专业实践知识。从此结构来看，应用技术型民办高校的人才培养目标应在有较宽泛、广博的通识性知识背景下，在某一领域有比较专精的研究，就知识结构上看属于"T"型人才。就各类知识的掌握程度来看，这类人才对于前者通识性知识应到达认知和领会的水平，在专业知识领域要达到运用和分析的标准。

（二）能力结构

心理学上认为，能力是一种心理特征，是顺利实现某种活动的心理条件。依据不同的标准，能力亦有多种划分方式，人的能力从整体上有一般能力与特殊能力之分，一般能力是正常情况下人们在生活中必备的基本能力，有时亦称之为关键能力；特殊能力即人们常说的专业技能，是完成某一专业活动所需的能力，它往往与具体情境相联系。应用技术型民办高校的人才培养目标在能力结构上大致也可分为这两种：一般能力包括适应能力、人际交往能力、学习能力等；特殊的专业技能依据其性质和表现形式又可分为动作技能（运动、操作）和心智技能（智慧、智力），前者主要体现在肢体的运动和操作层面上，后者则更多地内隐于心理活动中。应用技术型民办高校所培养的人才在专业技能上应更倾向于后者，这也是本科高等职业教育与中等职业教育和专科高等职业教育的不同之处。具体来说它培养的是学生对技术工具、技术知识、技术原理、技术伦理的应用能力，例如对实际生产、生活中具体问题的分析与解决，对新技术、新工艺、新方法的引进、优化和监控。总之，应用技术型民办高校的人才培养规格在能力结构上呈现出复合性与专业性的特点。

（三）德行要求

与所有教育的培养目标相类似，应用技术型民办高校的人才培养目标不仅要扩充知识、发展能力，同时还要在道德品行方面获得提升与塑型。关于人才培养目标在道德层面的要求，在诸多研究者的论述中都将其等同于"素质"，但素质是一个人知识、能力和品行的综合反映，显然不宜与知识、能力并行而论，德行是综合素质之一。应用技术型民办高校人才培养目标的道德素质同样有基本社会公德与专门的职业道德之分：社会公德是指个人为维护群体利益而应遵循的基本生活准则与行为规范，它在调节人与人、人与社会、人与自然的关系中具有重要作用；职业道德是指一般的社会道德在具体职业活动中的体现，对于从事不同职业的人员有不同的要求，它既区别于一般的社会公德，同时又受其制约。应用技术型民办高校的人才培养目标无论如何定位，首先须是一个良好的社会公民，所以遵纪守法、乐于助人等一般的社会道德内容是其道德素质的构成部分，其次，应用技术型民办高校的人才培养目标还应是一个高尚的"职业人"，因此需要培养其对职业的敬畏之心、对岗位的热爱之情，养成良好的职业行为规范。应用技术型民办高校的人才培养目标只有在知识、能力、德行三个方面均达到一定标准，实现高度融合，才能真正培养出社会所需的高层次、高素质专业技术人才。

第三节　加强民办高校应用技术型人才培养的改进对策

以发展的观点看：事物是不断在发展变化的，是由简单到复杂、由低级到高级的运动过程，民办高校在发展的过程中的问题是客观存在的，但是由于社会需求的外部要求存在，加上科学的建议和指导，民办高校有望呈现蓬勃发展的态势，具体可从以下五个方面解决。

一、加强政府扶持，确保可持续发展

（一）加强对民办高校的政策引导和宏观指导

中央对民办高校的扶持正在逐步落地，地方政府要以此为契机，在以中央文件精神为基础的前提下，摸索并建立适合地方民办高校的发展政策，使民办本科高校的人才培养在政策的保障下不断优化升级，上升到新的台阶。

（二）建立科学分类评估标准，客观评价办学水平

普通高校评估的基本任务，是在搜集教育信息及掌握实际情况的基础上，科学分析和评价学校办学水平和教育质量，从而为教育部门的管控和宏观管理以及高校自身的改革和质量提升提供依据。要在加强调研，广泛征求意见的基础上，出台民办教育水平、学科建设评估、人才培养专业等方面的一系列评估标准。为了保证评估客观性和公正性，可以引入第三方评估机构开展评估工作，对应用技术型高校的学科、专业、课程等方面的办学指标进行客观评估，以评促建。

质量评估体系的构成包括评估组织建设、评估制度化建设、评估标准的制定、评估结果的反馈与纠正机制等。质量评估主要分为三方面：外部的教育主管部门统一组织的教学水平合格评估、内部的求改革、求发展的教学质量评估以及第三方的专业教育评估机构组织的评估。

是否具备职业能力是应用技术型人才培养的重点考评因素。因此对于高校来说，衡量其人才培养质量的学生专业对口就业率作为重点专注对象，一是要求高校的评估标准与社会职业要求保持一致，二是发挥评估的指导作用，使人才培养效果向社会需求逐渐靠近。另外对于评估的各环节要有严格明确的规定，以充分引起教学管理相关部门的重视，认真分析评估中的问题及成因，发挥评估的指导建设作用。对于评估的标准等，也要注意根据政策及形势的变化适时做出调整，保证评估标准的优越性和合理性。

(三) 增加办学经费来源，确保人才培养基本条件

实践教学环节需要配套的实验室的硬件设施，因此，为增加民办高校的办学经费来源，建议国家鼓励国有企业及社会资本进入民办高校以在资金方面支持民办高校发展，这种情况下也有可能面临着办学主体由单一主体变更为多元主体，帮助民办高校抵抗办学风险，为保证注资合作的稳定运行，对于行业企业和民办高校的权责和利益分配等需要做出一定的指导和约束。

二、明确培养思路，与公办高校错位发展

(一) 遵循市场规律，培养高素质应用技术型人才

应用技术型人才与时代发展的紧密联系性不容置疑，如长江经济带战略中，国家大力发展铁路、机场、隧道、高速公路等交通运输体系，与之相对应的，对建筑设计类、道路运输类的人才产生大量需求，对于高校的应用技术型人才提出相对应的供给要求。应用技术型人才遍布各行各业，各行业的经济发展动态都会对应用技术型人才的培养造成一定的影响，关注市场需求，动态调整培养的规格和培养的方向也是民办高校需要具备的本领和素质。

在具体操作上，需要民办高校根据市场需求，分析出行业最需要的人才的知识与技能，核心的能力与素质要求，然后将这些作为培养目标细化到高校教学的具体环节与课堂教学中，并认真落实和执行，并在发展的过程中对于方式方法不断优化和改进。在这个过程中，培养的毕业生必然在市场上体现出较强的适应性，民办高校的优势和特色得到充分体现，逐渐形成独特的优势，加上政府对于优秀民办高校的宣传，良好的教育形象得以树立，从而赢得社会的支持和响应。

(二) 重视学生实践能力培养，适应职业需求

实践教学的目标是使学生能够通过在实验室动手操作、外出到实习、实训基地参与现实课题的方式，提前进行就业所需的专业能力的培

养，结合个人经验以及在理论教学环节中习得的基础知识来解决实践环节中的难题，这种人才培养过程中，理论指导实践，同时实践反作用于理论知识的强化，实践教学与理论教学互相服务，致力于培养出具备创新、实践、知识、素质等能力的复合型高层次应用型人才，适应不同岗位和行业的需求。高校也可以根据实践教学环节情况调节下一学年专业培养目标和培养计划。

在实践课程中，还要对学生在实践过程中的表现有指导，有评价，有反馈，解决学生在实践中遇到的细节问题，使学生在实践课程中的体验更具成就感和获得感。要在课程教学中充分考虑学生的个性和兴趣以及学生本身的能力，课程的难易程度要在学生可以达到的能力范围内，教学环境和场所上，可将课堂搬到大自然中，让学生在学习中感受到多样性和各种趣味，始终充满好奇心和求知欲，保证课程结构的合理性、科学性、先进性。高校要注重各种资源的整理和有效利用，倾注在人才培养的细节中，实现资源的投入与产出的协调与平衡，形成良好的可持续发展的机制。此外，还要逐步提高实践性教学课时在整个教学计划课时中的比例。

要特别强化实践能力的培养，不同人才培养规格，要求建立相应的课程体系，应用型人才重视应用型，重视技能型，重视可操作性，所以应用型人才培养的课程设置要特别强化实践能力培养的课程设置，为此，在课程设置中应该对实践能力的总体要求进行逐步分解，构建实验能力、操作能力、专业技能训练能力、设计能力、专业实践能力、科学研究能力以及社会实践能力的实践性教学体系。民办高校实践环节中强化实践能力培养是一个比较棘手的问题，一般民办高校实验室建设相对不足，应该坚持开放实验室创造灵活的实验室条件，让学生在除了课堂以外的时间自主投入实践中，让实践教学贯穿到教学的全过程中，让那些昂贵的实验器材充分发挥作用。

（三）科学设计专业结构，形成专业特色

在专业结构的设计上，要体现科学性。一是要在专业结构的设计上

体现应用性,针对高校自身来说,集中精力搞好重点学科和特色专业的发展,针对服务社会角度的来说,要使高校的专业结构紧密契合区域经济发展方向。由于现有的工作岗位中经常需要多背景的知识体系,因此在高校的人才培养过程中,注重学科教学融合发展是具有现实意义的,多学科的背景知识会为学生提供多角度的思考,这种跨学科的优秀人才深受用人单位的欢迎。高校要经常组织不同学科的教师进行教学活动的交流,组织他们集体学习国家新政策,教学新思想,促进高校的专业结构建设多元化,努力增加在特色专业或优势专业就读的学生人数占总人数的比例,促进高校专业优势的集群效应。此外,积极通过辅修双学位的方式,提高应用技术型人才的综合素质。

三、改革教学手段及教学方法,提升教学效果

(一)扩展素质课程多样性,提高学生学习能力

由于经济发展及产业结构的转变,工作生产环境因素更为复杂,工作负荷较重,行业更加倾向于选用综合型、应用型人才来应对同时多任务的工作要求,求职者的身心素质,知识文化素质,科技素质成为聘用的重要参考因素,这就对民办高校的应用型人才培养过程提供了指向性,高校要在素质教育上下功夫,在关注学生硬实力的同时,还应重视对学生软实力的塑造,心态调整能力,身体健康水平等在长期性的有挑战的工作中尤为重要,很有可能影响正常发挥,对学生的综合发展,全面发展是十分有必要的。在课程结构上的设计,各高校通过社团活动、素质拓展、体育锻炼来培养学生的身心素质,引导学生积累知识素养,人文素养,科学素养,从而提高学生的综合素质。让学生获取最新的行业动态资讯,掌握相应的技能。

高校可以开设就业创业课程,并建立专门的就业导师团队,可以通过教师指导学生参与已有的创业项目或者根据个人兴趣建立自己的创业项目。在创业项目的过程中,面对项目中的困难和挑战,学生会搜寻和汲取新领域的知识和信息,发现自己的优势和兴趣所在,同时也会意识

到自身的短板和局限性,对于认识自己和提升自己非常有帮助。人的发展和进步,前提是建立在对自身充分的认识和了解的基础之上。国家、高校组织各类创新创业竞赛,要鼓励学生积极参加,创业计划书的写作,各种数据的搜集分析,包括创业项目的汇报、演讲等,每个细节想要做好,都必须做充足的准备,这可以增加体验和成长的很好的机会。在以上的实践活动中,学生的智力得到开发,潜能得到释放,不断突破自我,获得新生,完成任务的过程中,学生的动手和动脑能力都得到了充分的锻炼。在日常学习生活中,要通过各种方式注意锻炼、培养学生的人际交往能力,团队合作能力,使学生能够协调发展、全方位发展。

教师在教学过程中既要改善教学手段和方法,同时也要注意提升教师个人魅力,在保证专业性的同时培养自己的幽默感,能够经常活跃课程气氛和课堂氛围,让学生在欢声笑语中感受知识的魅力,使课程知识变得有生命力。学生与教师的距离近了,与知识的距离也就近了。好的教师对于学生的影响是深远的,学生对教师来说是一届又一届,但教师对于学生则是独特、具体的存在。教师要牢记教书育人的初心,关心学生的成长和进步,以身作则,树立良好的榜样,培养学生良好的学习习惯及自学能力,对知识的理解和吸收能力,使他们能快速学习和适应新的环境,保持高竞争力。

(二)注重项目式教学,提升学生合作能力

项目式教学中以具体的问题为中心,通过教师与学生的合作,学生之间的合作,共同完成教学活动,达到人才培养要求的知识消化和技能升级。教学过程中,为提高教学效率,教师先把项目流程中每个环节的注意事项和具体的操作方法为学生做出说明和演示,之后学生会被分成不同的小组,在学习过程中,可与组内同学或者其他组同学就操作中的难点进行交流,或者请教教师。当然项目中需要运用到在理论教学阶段学习过的知识,并且会贯穿应用型人才所需要的能力锻炼在其中。项目式学习的形式,可以是通过实务软件的操作进行,提高信息技术应用和操作能力,项目式教学可以让学生在实践中运用知识并体会知识的用处

及其与生产、生活实际的紧密联系，一旦体会到知识是有用的，学生的内在学习动力就会得到激发。

项目式教学中，高校及教师为学生提供平台和渠道，通过线上或者线下的方式，根据实务软件操作以及实验室操作，协助教师课题等方式，让学生在不同的情境下体会到所学知识的价值和力量，从而使学生增加学习兴趣，感受知识的魅力，体验到将所学应用到具体问题的解决的成就感，从而培养学生的灵活运用知识的能力。项目式的平台让学生发现学习的渠道和方式多样性，摆脱传统单调的理论式学习，拓展学生思路，为他们增加更多的选择，助力学生成长成才。

（三）构建教学互助小组，提升教师教学能力

教学互助小组是指具有共同需求的不同个体组成小组，出于解决同一问题的目标，讨论、分享教学心得，互帮互助，共同发展。互助小组成员涵盖所有专兼职教师在内的整个教师群体，教师结合自己的教学经验和教学经历，目前在教学活动中遇到的问题和困惑，寻求小组内其他成员的支持和帮助，同时将自己的一些心得和好的方法分享给大家，互帮互助，共同成长。

可以着力形成两类互助教学共同体：一是同一专业教研室教师组成的互助小组；二是发展程度参差不齐的教师组成的互助小组。第一类互助小组，基于教学内容的相似性，沟通无障碍、成本低，分享彼此的教学心得，互帮互助共同合作来进行讨论研究，提升学科专业建设水平。而第二种互助小组，成员来源比较丰富，可以是不同专业、学科的教师的合作，也可以与其他优秀同类院校的同专业教师合作，不同专业和学科的教师达成合作，就某一具体的教学项目或科研项目，从自身具备的理论和知识背景出发，给出所在学科领域的认识和判断，集思广益，使项目的视角更加多元，同时在这一过程中，各位教师也可以接触其他学科的知识，在丰富自己知识储备的同时，交流和切磋有益于学科融合的新颖观点的出现，提升项目的研究价值。优秀同类院校的教师，受学校学风和教学风格的影响，在教学理念、技术使用上存在差别，也有自己

独到的优势,可以通过交流,借鉴优秀高校的成功经验,结合本校实际,选择性应用于自身的教学实践中。这类互助小组信息更丰富,为人才培养提供更多可能,但同时在组织和构建上存在一些难度,需要高校层面的建设性支持。

四、加强"双师型"队伍建设,提高教师队伍质量及其稳定性

(一)构建外部人才引进机制,改善人才结构

引进高层次人才。民办应用型高校原有的人才基础薄弱,教师成长与发展成果需要较长周期才能体现,提高教学质量迫切需要高层次人才的引领作用,尤其是与高校发展定位匹配的应用型高层次人才,可以通过人才引进政策的调整改善高层次人才结构。通过高薪酬,提供安家费等方式提高高层次人才待遇,另外使其在科研项目中发挥个人优势和价值,满足高层次人才的精神需求和事业需求,最后以不断完善工作制度,保障体系,创造学术氛围等方式增加高层次人才的归属感和认同感,确保其长期稳定留在学校工作。

在实践教学环节中,可借助企业对于行业形势和现状的精准把握,通过付费的形式邀请企业的管理人员和技术人员将行业的工作经验和技能要求传达给学生,他们的示范作用比学生习以为常的专业课教师教学更加生动也更具说服力。另外可与政府的政策研究室、第三方评价机构达成利益合作,借助他们掌握的数据资料,邀请他们在民办高校的发展和建设中作为顾问,促进高校的人才培养在最具潜力的道路上前进。

(二)改进教师培养及评价体系,提升教师素质

目前高校现有大部分教师在其高等教育阶段学习时以基础理论教育为主,为了培养教师的实践能力,一方面要在教学活动中培养和锻炼教师解决实际问题的能力,另一方面还应鼓励教师在行业组织和机构中兼职,让教师有更多机会到企业中去工作,到生产中去实践,通过实践活动,使知识转化为技术技能,行业最新发展动态纳入教学中,同时鼓励

他们考取各种相关专业技术资格证书,以使他们尽快成长为"双师型"教师。

在教师评价方面,使各种有利的资源和条件向"双师型"认定方向靠拢,将其作为高校教师成长发展的核心任务,根据高校的发展定位制定校内职称评聘标准,通过校内的评审委员会,聘任一批思想素质好、业务能力强、为高校的发展、学科专业建设、人才培养做出相应贡献的教师成为副教授、教授,使他们将个人的发展和高校的发展紧密结合,产生不断向上的工作动力。

(三) 完善教师激励机制,培养教师归属感

事物的发展变化既需要内因的改变,也需要外因的驱使。激励制度作为促进高校教师队伍发展的重要制度,对于提高教师质量、增强教师队伍的稳定性发挥着重要作用。因为激励机制的存在,教师感受到高校对于他们成长和发展的支持,从而使教师感受到个人需要与高校需要的紧密结合,在个人成长的过程中同时促进高校的发展,使高校发展凝心聚力,逐步建立起教师的归属感,具体可从以下五方面着手。

1. 建立良好的工作环境和工作氛围

良好的工作环境包括高校的硬件教学资源,实验器材、教室的多媒体设备以及网络信息资源等。科研和教学工作离不开海量的优质网络信息资源,有了这些资源,教师在汲取前沿知识后,才能在课堂上教授给学生。

校园中的标语、建筑风格、校园的花草以及校园的广播等软环境以及自由宽松的学术氛围也是吸引教师的重要因素。高校的管理层日常对于教师的关怀,真正将教师作为学校发展建设的重要成员,及时对遇到困难的教师予以经济上和情感上的帮助与支持,使教师感受到高校是一个温暖的大家庭,与高校建立起深厚的情感。在此基础上,高校与教师之间,教师与教室之间形成良好的关系纽带,形成高校发展的凝聚力和向心力。

2. 教师的建议和意见得到表达和尊重

教师建议和意见主要是关于两方面，一是对个人需求的表达。比如增加薪水或者福利待遇等，另一方面是对高校现有的建设中存在问题的意见，比如实验室的设备老化，图书馆的图书资源需要更新，或者是校园内的停车位的设置不合理，教室内的多媒体设施需要升级等教学中的小细节等。

人事部门以及教师管理部门要通过教师代表大会或者是不定期的座谈交流的方式，使教师有渠道表达自己的个人需求及对学校发展建设的意见和建议，并通过合理的方式反馈给他们，让教师感受到自己的意愿得到表达和尊重，通过看到高校越来越好，树立起自己的主人翁意识和对学校的责任感和归属感，对于极具建设性的建议，还可以给予一定的物质和精神奖励。

3. 合理设定教师薪酬

薪酬可以认为是高校对于教师个人价值和个人能力的一种判断，对外来说，相对于其他同类高校的高薪酬，会使高校在应聘市场上产生更强的竞争力，高校的教师产生更高的工作积极性。对内来说，在教师的薪酬上，要有科学合理的设计，依据评价结果，使为高校发展做出贡献的教师，有机会获得更多报酬，获得更多高校配套福利的机会，使他们与一般教师的总体待遇拉开差距，让有能力的教师感受到劳有所得，公平合理，调动教师工作的积极性。公平的薪酬体系是教师人际关系和谐的重要影响因素，同时在薪酬的上升空间上对教师予以明确，使他们产生奋进的动力。

4. 提供在职培训、学习机会

教师队伍普遍对于学习具有较强的自觉性，渴望有更多更有价值的学习机会，为教师参加专业领域的重要学术会议和论坛，国际交流等提供机会并给予一定的培训补助，使教师的知识和技能水平不断更新，并能运用到课堂中，使教师个人发展与学校发展保持同步。

5. 提高配套福利待遇

在保证教师的基础工资收入的情况下，关注教师的养老保险及住房公积金等社会保障问题，为职工在购房和未来养老方面吃一颗定心丸。为了留住人才，可以在教师子女的教育上提高保障，比如与部分优质的幼儿园、小学、中学达成合作，为高校教师的子女争取就学名额或者减免学费，解决教师的后顾之忧，使他们建立起对高校的归属感，保证教师队伍的稳定性。

五、深化校企合作共享，实现双方互惠互利

校企合作的纵深发展是具有一定的挑战性的难题，在高校与企业处于差异化较大的两个主体系统中实现资源置换，可以激发地方高校与企业合作的内在动力。高校可以利用师资力量、教学资源与科研方面的优势为在企业提质升级的发展进程中提供不竭的动力。企业则可将当前市场的发展趋势、人才需求方向、行业企业中的相关信息及丰富实践经验的专业技术人员资源等提供给高校，从而使校企合作有序长效地进行成为可能，同时在校企合作的人才共同培养的过程中，要注重共同管理，促使各项工作规范化、制度化，校企双方互惠互利。与此同时，也需要政府的桥梁搭建和制度支持，充分考虑校企双方的利益诉求的基础上，实现资源的融合和共享，资源利用率的提高。

在提高学生综合技能和综合素质方面发挥着重要作用，具体应从以下两方面采取各项切实有效的手段，加大在人才培养中的应用力度。

（一）合作筹建校外教学实践基地，形成合作良性循环

校外教学实践基地主要是充分利用企业方在生产与经营中的软硬件资源，借此培养学生专业技能与职业素质的实践教学场所。校外实践教学基地的建设，要在不断规范和加强现有基地建设工作的同时积极开拓新的优质教学实践基地，可联系与专业相关企业达成长期合作，使学生有机会进入企业实习。随着实践基地平台合作的不断深入，校企双方在长期的良好合作中所建立的诚信意识、规则意识、共同发展意识等无形

的财富也在滋养合作的双方，不断形成良性循环。

（二）合作开展技术研发与推广应用，提高校企创新能力

基于办学性质及办学定位的区别，民办高校的科研主攻方向区别于公办研究型高校以基础理论研究为重点，主要是利用自身特色和优势，以服务社会发展和地方经济为目标，通过与企业的合作，开展贴合现实发展的应用型研究，促进学生参与研究中，并体会将研究成果转化的过程，感受创造的成就感，在此过程中培育了民办高校的自主创新能力和合作创新能力。

具体的实现方式包括民办高校参与企业联系的主要用于解决实际问题的横向课题，这部分课题经费主要来源于企业，与之相对应的纵向课题的课题经费则来自国家或省、市科技主管部门拨款，一般是由企业和学校共同参与。然后将研究成果共同进行推广，促进成果切实应用到实际生产建设中，起到实在的促进作用。

参考文献

[1]薛洪涛.民办高校心理委员工作的建构与指导[M].秦皇岛:燕山大学出版社,2022.01.

[2]吴安新.民办高校政府干预问题研究[M].北京:研究出版社,2022.01.

[3]宣葵葵,王洪才.绩效评价对民办高校内部治理结构影响研究[M].厦门:厦门大学出版社,2022.11.

[4]王启帆.民办高校班级标准化管理手册[M].武汉:中国地质大学出版社,2022.08.

[5]刘亮军.非营利性民办高校办学风险防范研究[M].开封:河南大学出版社,2022.07.

[6]彭锦.基于MOOC的民办高校学分制方案设计研究[M].武汉:武汉大学出版社,2022.12.

[7]赵海峰.民办本科高校教学质量保障体系建设研究[M].上海:上海交通大学出版社,2022.10.

[8]李旋旗.民办本科院校向应用技术型高校转型发展的研究与实践[M].长沙:中南大学出版社,2022.07.

[9]胡好.应用型人才非专业素质的体验式培养研究[M].合肥:安徽大学出版社,2022.05.

[10]杨婧.地方应用型本科人才培养模式研究[M].长春:吉林大学出版社,2022.04.

[11]赵杨.创新创业实践与应用型高校人才培养研究[M].北京:中国纺织出版社,2022.04.

[12]冯之坦,胡一波.应用型本科创新型人才培养模式改革与实践[M].

北京:中国商务出版社,2022.02.

[13]王海涛.民办高校辅导员职业化研究[M].重庆:重庆大学出版社,2021.07.

[14]谢如欢.民办高校教育创新与实践研究[M].长春:吉林人民出版社,2021.05.

[15]孔令桂.自组织理论视角下的民办高校办学特色培育研究[M].北京:九州出版社,2021.12.

[16]孙跃.应用型人才培养体系建构研究[M].武汉:华中科技大学出版社,2021.06.

[17]陆丹.民办大学的实践与思考[M].北京:人民出版社,2021.12.

[18]徐绪卿.民办高等教育研究二十年[M].北京:中国社会科学出版社,2021.01.

[19]易露霞.应用型民办高校校企合作探索与实践[M].北京:北京理工大学出版社,2020.09.

[20]邝邦洪.应用型民办高校内涵发展研究与实践[M].北京:北京理工大学出版社,2020.08.

[21]刘翠兰.民办高校人才发展研究[M].北京:中国社会科学出版社,2020.07.

[22]张会容.新时代民办高校教育20年[M].武汉:武汉大学出版社,2020.06.

[23]戴丽君.民办高校管理实践及发展路径探索[M].昆明:云南人民出版社,2020.09.

[24]刘美云.民办高校青年教师发展问题研究[M].武汉:武汉大学出版社,2019.06.

[25]熊斌.民办高校的改革与发展模式研究[M].长春:吉林文史出版社,2019.08.

[26]李虔.民办高校分类管理政策的可接受性研究[M].广州:广东高等教育出版社,2019.04.

[27]田沛."互联网+"环境下应用技术型民办高校可持续发展研究[M].长春:吉林人民出版社,2019.07.

[28]庞娜.民办高校大学生学习心理障碍的成因及对策研究[M].郑州:黄河水利出版社,2019.08.

[29]杨炜苗.民办高校教师人力资本运营研究[M].北京:清华大学出版社,2019.12.

[30]陈静.民办高校教师专业发展研究[M].长春:东北师范大学出版社,2019.05.

[31]王任祥,傅海威,邵万清.应用型人才培养教学改革案例[M].杭州:浙江工商大学出版社,2019.12.

[32]刘冰,屈冠群."双创"视阈下计算机专业应用型人才培养模式研究[M].北京:北京工业大学出版社,2019.11.